DER KALTE KRIEG IN KARIKATUREN

Eine visuelle Geschichte des Ost-West-Konflikts

hrsg. von Ulrich Schnakenberg
Karikaturen von Fritz Behrendt

WOCHEN
SCHAU
VERLAG

Bibliografische Information der Deutschen Nationalbibliothek

Die Deutsche Nationalbibliothek verzeichnet diese Publikation in der Deutschen Nationalbibliografie; detaillierte bibliografische Daten sind im Internet über http://dnb.d-nb.de abrufbar.

www.wochenschau-verlag.de

Gesamtherstellung: Wochenschau Verlag
Gedruckt auf chlorfrei gebleichtem Papier
ISBN 978-3-7344-0503-7 (Buch)
ISBN 978-3-7344-0504-4 (E-Book)

INHALTSVERZEICHNIS

VORWORT

BEDROHLICH, ABER IMMERHIN STABIL? EIN RÜCKBLICK AUF DIE WELT DES KALTEN KRIEGES

Das Jahr 1989 steht für den tiefsten Einschnitt in die Geschichte seit 1945. Mit dem Ende des Kalten Krieges begann eine neue Weltordnung. Diese stellte sich jedoch schon bald eher als neue Weltunordnung dar: Gleich am Anfang der neuen Epoche kam es in Ex-Jugoslawien, Mitten in Europa, zu brutalen ethnischen Säuberungen. Seit den Anschlägen von „9/11" bedrohen islamistischer Terror sowie Bürger- und Stellvertreterkriege im Irak, in Afghanistan, Syrien oder Libyen weite Regionen des Nahen und Mittleren Ostens und nicht zuletzt auch Europa. Parallel dazu stellen seit dem Fall der Mauer China und andere aufstrebende Staaten das Machtmonopol der Amerikaner und Europäer auch auf wirtschaftlicher Ebene zunehmend infrage. Nach „11/9", dem 9. November 1989, nahm die politische und ökonomische Globalisierung allgemein an Fahrt auf. Die Folgen der Finanz- und Schuldenkrise, die fortschreitende Automatisierung und Digitalisierung und die Verlagerung von Arbeitsplätzen in Niedriglohnländer ist dabei ein wichtiger Erklärungsansatz, weshalb in den westlichen Demokratien die Angst vor der Zukunft um sich greift. Insbesondere Parteien am Rande des demokratischen Spektrums greifen die Sorgen der Menschen auf und bündeln diese – mit einigem Erfolg – zu einem endzeitlichen Bild von existenzbedrohender politischer und wirtschaftlicher Unsicherheit, Terror, ungebremsten Flüchtlingsströmen und dem Verlust von nationaler Identität.

So unterschiedlich die Gründe für den Aufstieg populistischer und nationalistischer Bewegungen in Frankreich, den Niederlanden oder auch hierzulande sind, so sehr sich Trumps „Make-America-great-again"-Kampagne oder die „Take-back-control"-Bewegung der EU-Gegner in Großbritannien im Einzelnen unterscheiden, sie haben doch eines gemeinsam: Ihre Anhänger sehnen sich nach der „guten alten Zeit".

Diese „gute alte Zeit", also die Welt vor der beschleunigten Globalisierung seit 1989/90, erscheint vielen Menschen heute nicht ganz zu unrecht überschaubarer als die Welt von heute. In der Tat ist die innergesellschaftlich wie zwischenstaatlich integrierende Funktion des damaligen Feindbildes, des Kommunismus, nicht zu leugnen: Den Turbokapitalismus gab es vor 1989, Arbeitslosigkeit brauchte zumindest bis zur Ölkrise 1973 kaum jemand zu fürchten und Grenzen waren noch Grenzen, ob nun in migrations-, investitions- oder handelspolitischer Hinsicht. Sicher, so hört man heute mitunter, da habe es den Ost-West-Konflikt gegeben. Aber unser Leben damals sei doch geordneter, übersichtlicher und insgesamt weniger Angst einflößend gewesen als das Leben in der verstörenden Welt von heute. Außerdem sei der Systemwettbewerb zwischen Ost und West ja nicht militärisch ausgefochten worden, der „Kalte Krieg" immer „kalt" geblieben. Über vierzig Jahre Frieden – so die spontan einleuchtende Argumentation – wann gab es so etwas schon einmal in der europäischen Geschichte? Und waren die 1950er und 1960er Jahre, die Jahre, in denen der Ost-West-Konflikt seinen ersten Höhepunkt erreichte, nicht tatsächlich die Jahre des Wirtschaftswunders? Eine Zeit, als alle Menschen eine Arbeit hatten, eine Arbeit zumal, von der sie leben konnten? War die Gesellschaft damals nicht viel zufriedener, weniger von Verteilungskämpfen und Wertekonflikten zerrissen als heute? Ja, war die Welt „früher", vor den großen Umwälzungen nach 1989/90, nicht insgesamt überschaubarer, sicherer, besser?

Das Ende des Kalten Krieges liegt inzwischen über 25 Jahre zurück. Manches damals wichtige Ereignis ist in Vergessenheit geraten, andere wurden verdrängt und manche Entwicklungen der Jahre 1945 bis 1989/90 werden heute neu interpretiert. Je beschäftigter wir dabei mit der Verarbeitung der überkomplexen Gegenwart sind, desto stärker verschwimmen hierbei historische Wahrheit und Legende. Der vorliegende Band setzt sich zum Ziel, die wesentlichen Stationen des Systemkonflikts zwischen Ost und West, zwischen Kommunismus und Kapitalismus, in seinen wesentlichen Linien nachzuzeichnen. Hierbei bilden die Karikaturen des weltberühmten deutsch-niederländischen Zeichners Fritz Behrendt eine außergewöhnlich anschauliche Quelle, die den Leser zur selbständigen Auseinandersetzung mit der Epoche des Kalten Krieges anregen soll. Behrendts gezeichnete Kommentare zu den Volksaufständen in Osteuropa, zur Kubakrise, zu Auf- und Abrüstung, zu Vietnam- und Afghanistankrieg, zu Konfrontation und Entspannung, werden bei der älteren Generation Erinnerungen an eine mittlerweile weitestgehend in Vergessenheit geratene Zeit wachrufen. Für die Jüngeren bietet der Band die Möglichkeit, sich anhand der ebenso kurzweiligen wie prägnanten Karikaturen einen raschen Überblick über eine Epoche zu verschaffen, die sie selbst – wenn überhaupt – nur als Kinder erlebt haben und sich so ein eigenes, ungeschminktes Bild vom Zeitalter der Systemkonkurrenz zu machen.

KAMPF UM FREIHEIT: DAS LEBENSTHEMA DES POLITISCHEN KARIKATURISTEN FRITZ BEHRENDT

1945. Das verbrecherische Regime des Nationalsozialismus ist besiegt. Im August einigen sich die Siegermächte auf die Gründung der Vereinten Nationen. Die UNO, so hoffte man, werde Streitigkeiten zwischen den Staaten künftig auf friedlichem Wege beilegen. Doch nur ein, zwei Jahre später hat sich diese Hoffnung in Rauch aufgelöst. Angst und Misstrauen beherrschen erneut das internationale politische Klima. Stalin ignorierte das Selbstbestimmungsrecht der Völker Osteuropas und formte sie zu willfährigen Satellitenstaaten – die USA antworteten mit der so genannten Truman-Doktrin und kündigten an, jedem weiteren Ausgreifen des Kommunismus künftig entschieden entgegenzutreten. Ein neuer Großkonflikt hatte begonnen und teilte die Welt in zwei Lager: in Ost und West, Kommunismus und Kapitalismus, Warschauer Pakt und NATO, Diktatur und Demokratie.

In diesem historischen Kontext begann der erst von den Nationalsozialisten, dann von den SED-Machthabern in Ost-Berlin verfolgte Fritz Behrendt im Frühjahr 1953 seine Karriere als politischer Karikaturist bei der niederländischen Zeitung Het Parool; später folgten Engagements bei der New York Times, der Frankfurter Allgemeinen Zeitung, der österreichischen Kronen Zeitung, der schweizerischen Weltwoche und anderen großen Zeitungsverlagen weltweit. Vier Jahre vor Behrendts erster Veröffentlichung (vgl. Abb. 12) waren auf deutschem Gebiet zwei Staaten gegründet worden. Die Spaltung des Kontinents verlief nun direkt entlang der deutsch-deutschen Grenze.

Tief geprägt von rechtem und linkem Totalitarismus, entwickelte sich die Auseinandersetzung mit dem Kommunismus, Gewalt, Unterdrückung und dem Streben der Menschheit nach Freiheit zu Fritz Behrendts Lebensthema. Angesichts der weiteren politischen Entwicklungen sollten ihm die Ideen für seine Karikaturen auch in den folgenden Jahren und Jahrzehnten nicht ausgehen. Als es am 17. Juni 1953 zur blutigen Niederschlagung des Arbeiteraufstands in der DDR kommt, bezieht Behrendt für die Forderung nach Freiheit ebenso entschlossen Stellung wie anlässlich des Ungarnaufstands 1956, des Prager Frühlings 1968 und der Gründung der unabhängigen Gewerkschaft Solidarnośc̆ in Polen 1980.*inweis:* Der Großteil der in dem Band abgebildeten Karikaturen stammt aus dem Archiv Fritz Behrendts. Da auf den Original-Zeichnungen nur in Ausnahmefällen ein Veröffentlichungsdatum vermerkt ist, war es nicht in jedem Fall möglich zu ermitteln, wann die entsprechende Karikatur (in welcher Zeitung) das erste Mal erschienen ist. In diesem Fall ist vermutliche das Jahr der Erstveröffentlichung in eckige Klammern gesetzt. Sofern die Zeichnung im Original eine Bildunterschrift trug, wurde diese als Überschrift wiedergegeben. In allen anderen Fällen fasst eine Überschrift – in eckigen Klammern – das Thema der Zeichnung zusammen.

DANKSAGUNG

Ich möchte mich schließlich bei verschiedenen Personen bedanken, ohne die dieses Buch nicht hätte erscheinen können: Da ist zuallererst Frau Renate Behrendt zu nennen, die das Buchprojekt von Anfang an tatkräftig unterstützte und mir Zugang zu dem Archiv ihres verstorbenen Mannes gewährte. Bezüglich der Datierung wie auch der Beschaffung einzelner Karikaturen bin ich der Familie Horst Huchthausen sowie Bernd-Christoph Billen, dem wohl weltweit besten Behrendt-Kenner, zu Dank verpflichtet. Widmen möchte ich dieses Buch meinen Kindern Clara und Ole in der Hoffnung, dass sie in einer friedlicheren Welt aufwachsen werden.

Duisburg, im Juni 2017

ÜBERBLICK: EIN HALBES JAHRHUNDERT KALTER KRIEG

1967

DIE VORDERSEITE ... UND DIE RÜCKSEITE DES DENKMALS

45 Jahre Kalter Krieg bedeutete 45 Jahre Systemwettbewerb. Liberale Demokratie oder Diktatur des Proletariats: Welches System würde sich als das bessere, das erfolgreichere herausstellen? Als Gegner des Nationalsozialismus war der junge Fritz Behrendt ein glühender Anhänger der Gleichheits- und Gerechtigkeitspostulate des Kommunismus. Im Laufe der Jahre wuchs jedoch seine Skepsis, ob es dem „real existierenden Sozialismus" tatsächlich gelingt, die Ideale der „Großen Oktoberrevolution" von 1917 zu verwirklichen und so die Kluft zwischen Anspruch und Wirklichkeit zu verringern.

1973

AUF DIE PLÄTZE ... FERTIG ... AGITPROP

Als „kalter“ Krieg war der Systemkonflikt zwischen den USA und der Sowjetunion vor allem ein Kampf um die Meinung der Weltöffentlichkeit. Eine zentrale Rolle im Propagandakrieg der Supermächte spielte hier neben Zeitungskommentar, Fernsehen und Radio die politische Karikatur. In der publizistischen Auseinandersetzung hatten westliche Journalisten und Karikaturisten wie Fritz Behrendt allerdings einen ungleich größeren Spielraum als die Kommentatoren und Zeichner östlich des Eisernen Vorhangs, die in aller Regel lediglich Befehle der Staatspartei entgegennehmen durften.

„Ich habe keine Angst!" ... Aber wir!

1962

[KUBA-KRISE]

Zu keinem Zeitpunkt des Kalten Krieges stand die Menschheit so nah am Abgrund wie während der Kubakrise im Oktober 1962. 13 Tage lang lieferten sich Kennedy und Chruschtschow ein Duell, das die Welt in Atem hielt. Die USA bereiteten als erste Reaktion 200 Interkontinentalraketen und über 100 seegestützte Atomraketen zum Abschuss auf die UdSSR vor. Auf dem Höhepunkt der Krise befanden sich 60 B-52-Bomber mit knapp 200 Wasserstoffbomben an Bord ständig in der Luft.

1957

„WENN ICH SIE FALLENLASSE, GEHT'S IHNEN SCHLECHT!"

Das Gleichgewicht des Schreckens: Rund 45 Jahre bestimmte die Logik des Kalten Krieges das strategische Denken der Staatsmänner in Ost und West. Tatsächlich hielt die Angst vor der eigenen Vernichtung die Supermächte von einem atomaren Erstschlag ab. Allerdings weiß man heute, nach der Öffnung der Archive, dass ein nukleares Armageddon nur durch glückliche Zufälle vermieden werden konnte. Missverständnisse und technische Fehler hatten mehrfach fast dazu geführt, dass untergeordnete Militärs den Atomkrieg sozusagen „aus Versehen" auslösten.

1981

[GLEICHGEWICHT DES SCHRECKENS]

Die Fieberkurve des Kalten Krieges wies immer wieder nicht nur kräftige Ausschläge nach oben, sondern auch nach unten auf. Nach der Konferenz von Helsinki und dem Höhepunkt der Entspannung Mitte der 1970er Jahre mangelte es selbst während des sowjetischen Einmarschs in Afghanistan in den frühen 1980er Jahre nicht an Bekenntnissen zum Frieden. Schmidt, Reagan, Mitterand und Breschnew hielten dennoch eisern am Dogma der „nuklearen Abschreckung" fest. So reichte das Waffenarsenal der Supermächte weiterhin aus, die Welt gleich mehrfach zu stören.

1970ER JAHRE

„TUT MIR LEID – UNSER BUDGET IST VERBRAUCHT!“

Im Zeitalter des Kalten Krieges verwendeten die Warschauer Pakt- wie auch die Nato-Staaten einen erheblichen Teil ihres Volkseinkommens für die Rüstung – Geld, das nicht nur nach Ansicht Fritz Behrendts in anderen Bereichen weitaus besser angelegt worden wäre.

1988

DIE WICHTIGSTE DEMONTAGE

Mit der Ernennung Michail Gorbatschows zum Generalsekretär der KPdSU stellte sich ab Mitte der 1980er Jahre erstmals dauerhaftes Tauwetter im Kalten Krieg ein: Gorbatschow und US-Präsident Reagan bauten gegenseitiges Misstrauen ab. Damit war die Grundlage für eine tatsächliche Abrüstung ihrer nuklearen Raketenarsenale gelegt. Im so genannten INF-Vertrag einigten sich beide Staatsmänner darauf, alle in Europa stationierten landgestützten amerikanischen und sowjetischen nuklearen Mittelstreckenraketen innerhalb von drei Jahren abzubauen und zu vernichten.

1988

[DER WIRTSCHAFTLICHE NIEDERGANG DER UDSSR]

Die Schwächen des sozialistischen Gesellschaftsmodells, insbesondere im Bereich der Ökonomie, traten spätestens seit den 1980er Jahren so deutlich hervor, dass Gorbatschow politische und marktwirtschaftliche Reformen unausweichlich erschienen. Unter den Schlagworten Glasnost und Perestroika nahm sich der Staats- und Parteichef dem Umbau seines Riesenreiches an – und läutete so unfreiwillig und unbeabsichtigt den Untergang der Sowjetunion ein.

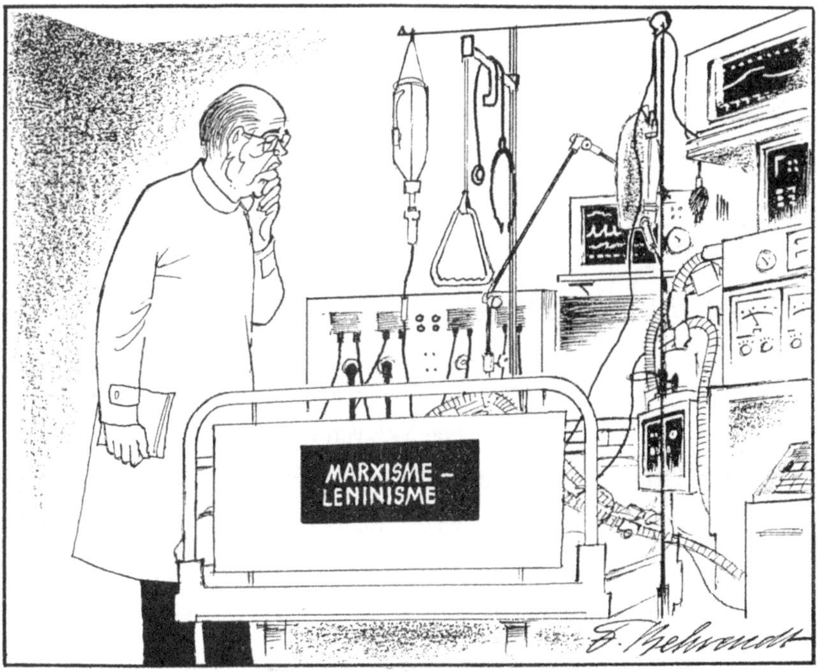

1991

DER VORHANG FÄLLT

Gorbatschows Reformpolitik beendete 1990/91 das sozialistische Experiment, das, von Karl Marx theoretisch vorbereitet, mit Lenins Oktoberrevolution 1917 begann und unter Stalin in den 1930er Jahren seine schlimmsten Exzesse erlebte. Nach dem Fall der Mauer 1989 und dem Zusammenbruch der kommunistischen Herrschaft löste sich im Jahr 1991 schließlich auch die Sowjetunion auf. Damit war der Systemkonflikt zwischen dem westlichen und dem östlichen sozioökonomischen Modell (vorerst?) entschieden.

1985

EIN JUBILÄUM: DIE DISKUSSIONEN WERDEN FORTGESETZT

Der Antagonismus zwischen Nato und Warschauer Pakt war mit dem Ende des Kalten Krieges vorbei. Aber würde die „neue Weltordnung“ eine friedlichere sein? Würde die UNO nach dem Ende der jahrzehntelangen, lähmenden Frontstellung im Sicherheitsrat endlich handlungsfähiger werden, kriegerischen Konflikten nachhaltiger vorbeugen und den Menschenrechten weltweit entschlossen Geltung verschaffen? Fritz Behrendt hatte hier seine Zweifel, auch wenn er die Hoffnung auf eine bessere Welt niemals aufgab und sich Zeit seines Lebens mit aller Kraft für die Ziele der UNO-Charta einsetzte.

BLOCKBILDUNG NACH DEM ZERFALL DER ANTI-HITLER-KOALITION

1955

DER GEIST ÜBER DEM GENFER KONFERENZTISCH

Bereits kurze Zeit nach der Niederlage des nationalsozialistischen Deutschlands im Zweiten Weltkrieg zerfiel die Anti-Hitler-Koalition. Angesichts des russischen „Njet“ in zahlreichen außenpolitischen Fragen sowie tiefen ideologischen und machtpolitischen Differenzen war der Versuch, eine tragfähige Nachkriegsordnung zu etablieren, spätestens seit 1947 zum Scheitern verurteilt. Die Sowjetunion auf der einen, die USA und ihre Verbündeten auf der anderen Seite standen sich unversöhnlich gegenüber.

1953

DAS ALTE POLITBÜRO WIEDER BEISAMMEN

Am 5. März 1953 verstarb Josef Stalin. Mit seinem Tod ist er – zumindest in dieser Zeichnung Fritz Behrendts – wieder mit jenen alten Genossen vereint, die zum Großteil seinen Terror- und Säuberungskampagnen in den 1930er Jahren zum Opfer fielen.

1953

„STOPPEN SIE DIE HINRICHTUNG, GENOSSE, DIE PARTEILINIE WURDE SOEBEN GEÄNDERT."

Stalins Terrorherrschaft richtete sich gegen alle imaginierten und tatsächlichen Gegner seiner Politik. Unter den Opfern der von dem Georgier persönlich geplanten Säuberungsaktionen befanden sich besonders viele Mitglieder der KPdSU. Eine tödliche Bedrohung bedeuteten für diese insbesondere die unvermittelten „Änderungen der Parteilinie": Was gestern noch richtig war, konnte morgen schon als „Revisionismus" mit Lagerhaft oder dem Tode bestraft werden.

[1955]

RING FREI ZUR NÄCHSTEN RUNDE

Nach dem Tode Stalins entspann sich innerhalb der sowjetischen Führungsclique ein Machtkampf um die Nachfolge des Diktators, in dem sich letztendlich Nikita Chruschtschow als der neue starke Mann an der Spitze der UdSSR durchsetzte.

1953

„JAWOHL GENOSSEN, ICH GEBE ZU, DASS ICH BEREITS 1817 EIN WERKZEUG VON NAPOLEONS GEHEIMDIENST WAR.“

Erster Anwärter auf Stalins Nachfolge war Lawrentij Berija. Der mächtige Geheimdienstchef wurde jedoch rasch ausgebootet und verhaftet. Der anschließende Prozess erinnerte nicht nur Fritz Behrendt an die Moskauer Schauprozesse der 1930er Jahre, in denen die gefolterten und Erpressungen ausgesetzten Angeklagten teils absurde Schuldeingeständnisse vortrugen. Wie sie wurde auch Berija zum Tode verurteilt.

1957

„HINWEG MIT DEN BONZEN UND BÜROKRATEN!!"

In seiner so genannten „Geheimrede" im Februar 1956 verurteilte Chruschtschow die Exzesse der Stalinzeit ebenso wie den um den Diktator betriebenen Personenkult. Dabei verschwieg er allerdings die Tatsache, dass er lange Zeit einer der willigsten Helfershelfer Stalins war und auch an seinen Händen viel Blut klebte.

1955

DIALEKTISCHER UNTERRICHT (NACH BELIEBEN ZU ÄNDERN)

Die sowjetischen Satellitenstaaten Osteuropas verfolgten erstaunt und sichtlich verwirrt die neueste Volte der Moskauer Führung: Galten Titos Partisanen im Weltkrieg noch als Helden, so hatte Stalin das kommunistische Jugoslawien, das sich seinem Machtanspruch nicht unterordnen wollte, 1948 als „faschistisch" verurteilt. 1955 erfolgte unter Chruschtschow eine erneute Wende.

1961

ES LEBE DIE EINHEIT DER PARTEI

Fritz Behrendt entlarvt die neue Einigkeit des kommunistischen Lagers als „Show". Während man nach außen demonstrative Geschlossenheit zeigte, bekriegten sich die Vertreter des Sozialismus oft „bis aufs Messer". Die Beziehungen zwischen der DDR, Albanien, der UdSSR, Jugoslawien und China (von links nach rechts) waren auch nach der Aussöhnung mit Tito nicht frei von teils schweren Konflikten. So brach Enver Hoxha (Hodscha), bis 1985 über 40 Jahre lang Diktator Albaniens, Anfang der 1960er Jahre die Beziehungen zur Sowjetunion ab und trat einige Jahre später zudem aus dem Warschauer Pakt-Bündnis aus.

[1958]

„DIE WIEDERVEREINIGUNG DEUTSCHLANDS IST EINE SACHE DES DEUTSCHEN VOLKES!"

Mit der Gründung der Bundesrepublik Deutschland im Mai 1949 und der Deutschen Demokratischen Republik im Oktober 1949 schien die Teilung Deutschlands zementiert. Verantwortlich hierfür war nicht nur nach Ansicht Behrendts in erster Linie die sowjetische Außenpolitik – hier personifiziert durch Parteichef Chruschtschow.

1953

„IST DAS DIE KLEINE GRUPPE FASCHISTISCHER PROVOKATEURE?“

Seit der Gründung der DDR unterdrückte die SED massiv die Meinungs- und Pressefreiheit. Andersdenkende wurden verfolgt und eingesperrt. Trotz aller Versprechungen hatte sich der Lebensstandard der Menschen seit Ende des Krieges nicht grundlegend verbessert. Nachdem die Parteiführung von den Arbeitern noch stärkere Anstrengungen bei gleichbleibend niedrigen Löhnen verlangt hatte, kam es im Frühsommer 1953 zu spontanen Streiks. Diese breiteten sich am 17. Juni von der Berliner Stalinallee auf die gesamte DDR aus.

1953

STREIK IM WESTEN – UND IM OSTEN

Während man den westlichen Ländern die Ausbeutung des Menschen durch „Kapitalisten“ und die „Bourgeoisie“ vorwarf, verstanden sich Sowjetunion und DDR offiziell als „Arbeiter- und Bauernstaat“. Als die Werktätigen Ostberlins jedoch auf ihre Rechte pochten und gegen ökonomische Misere sowie politische Unterdrückung auf die Straße gingen, zeigte sich in der brutalen Niederschlagung des Aufstands vom 17. Juni 1953 das wahre Gesicht der „Arbeiterführer“.

[NACH 1953]

FREIE WAHLEN IN DER ZONE? JEDEN TAG AUFS NEUE!

Schon vor dem Mauerbau war die innerdeutsche Grenze hermetisch abgeriegelt worden. Als letztes Schlupfloch für Flüchtlinge aus der DDR blieb Berlin. Nach dem gescheiterten Aufstand vom 17. Juni schwollen die Flüchtlingszahlen weiter an: Die Ostdeutschen stimmten über ihren Staat mit den Füßen ab.

1954

EINEN WAFFENROCK BEKOMMT KONRAD – ABER WELCHEN?

Auf den sowjetischen Expansionismus hatten die USA mit „Eindämmung“ und wirtschaftlicher Unterstützung ihrer Verbündeten reagiert. Der Koreakrieg führt dann zu einer massiven Aufrüstung der Nato. Nach Auffassung des amerikanischen Außenministers Dulles sollten hierzu auch die Deutschen einen substantiellen Teil beitragen. Angesichts der Erfahrungen des Zweiten Weltkrieges mochten sich die europäischen Nachbarn der Bundesrepublik eine deutsche Wiederbewaffnung jedoch nicht recht vorstellen.

1954

POLITIK DER OFFENEN TÜR

1955 war die Sache entschieden. Die Amerikaner hatten sich gegen die Bedenken Frankreichs und der Benelux-Staaten durchgesetzt. Nach dem Scheitern der Europäischen Verteidigungsgemeinschaft (EVG) in der französischen Assemblée Nationale trat die Bundesrepublik 1955 der Nato bei. Damit verbunden war der Aufbau der Bundeswehr. Innenpolitisch zunächst stark umstritten, arrangierte sich die SPD als größte Oppositionspartei erst Ende der 1950er mit dieser außenpolitischen Grundsatzentscheidung der Adenauer-CDU.

1954

„WIR SIND ZUTIEFST ERSCHÜTTERT ÜBER DIE VORBEREITUNGEN ZUR WIEDERBEWAFFNUNG WEST-DEUTSCHLANDS!"

Wie nicht anders zu erwarten, erhoben sich auch im Ostblock massive Proteste gegen westdeutsche Wiederbewaffnung. Dabei geriet mitunter in den Hintergrund, dass in der DDR nicht nur rund 100.000 Männer als „kasernierte Volkspolizei" unter Waffen standen, sondern dass sich in den Führungszirkeln bei Polizei bzw. Militär – ebenso wie in der Bundesrepublik – zahlreiche durch ihre NS-Vergangenheit Belastete befanden.

1964

EIN GUTES PROJEKT, ABER ZUVIEL PLÄNE

Angestoßen durch Visionäre wie Robert Schuman und Konrad Adenauer, schlossen sich mit Frankreich, Deutschland, Italien und den Benelux-Staaten 1956 sechs westeuropäische Staaten zur „Europäischen Wirtschaftsgemeinschaft“ (EWG) zusammen. Der Bau eines „europäischen Hauses der Freiheit und des Wohlstands“ war dabei auch eine Antwort auf die kommunistische Herausforderung durch die Staaten des Warschauer-Pakts.

1955

IMMER NOCH „LEFT DRIVING“

Ungeachtet Winston Churchills legendärer Forderung nach den „Vereinigten Staaten von Europa“, konnte sich Großbritannien lange nicht entschließen, dem „Gemeinsamen Markt“ der EWG beizutreten. Erst im Jahre 1973, nachdem der französische Präsident de Gaulle zweimal einen Beitritt des Vereinigten Königreiches blockiert hatte, schlossen sich die Briten doch noch an. Langfristig formierte sich so ein mächtiger Staatenverbund, der den Supermächten zwar militärisch kaum etwas entgegenzusetzen hatte, aber ökonomisch doch zu einem enorm einflussreichen weltpolitischen Akteur wurde.

1956

MENETEKEL AN DER KREMLMAUER

Wie unzufrieden weite Teile der mittel- und osteuropäischen Bevölkerung mit der sozialistischen Einparteiendiktatur in ihren Ländern waren, zeigte sich drei Jahre nach dem 17. Juni 1953 in zwei weiteren Ostblockstaaten. Bereits im Frühjahr und Sommer 1956 war es, ausgehend von Posen, in mehreren polnischen Städten wiederholt zu Streiks und Aufständen gekommen. Im Oktober schien sich eine ähnliche Entwicklung in Ungarn anzubahnen. Die sowjetische Hegemonie über Osteuropa begann zu wanken.

1956

„DIES IST EINE REIN UNGARISCHE ANGELEGENHEIT!“

Am 23. Oktober 1956 demonstrierten rund 200.000 überwiegend junge Menschen in Budapest gegen die kommunistische Regierung. Daraufhin setzten sich in der Parteiführung reformorientierte Vertreter durch. Diese ließen neben der kommunistischen auch andere Parteien zu. Bald darauf beschloss man zudem den Austritt Ungarns aus dem Warschauer Pakt. Aber das „Tauwetter“ war nicht von langer Dauer. In den frühen Morgenstunden des 4. Novembers marschierten sowjetische Truppen in Budapest ein und begannen den Volksaufstand gewaltsam niederzuschlagen.

1956

„EINE BANDE IMPERIALISTISCHER AGENTEN UND FASCHISTISCHER BANDITEN FLÜCHTETE ÜBER DIE GRENZE …“

Im Zuge der Niederschlagung des Ungarnaufstands kamen rund 2700 Menschen ums Leben. Die Brutalität des Vorgehens der Russen sowie die schwindenden Chancen auf Freiheit und nationale Souveränität führten dazu, dass zehntausende Ungarn in den Westen flohen. Die kommunistische Propaganda (vgl. den Titel der Karikatur) hatte nur Verachtung für die Flüchtlinge übrig.

1956

FEUERWEHR IN AKTION

Im Schatten des Ungarnaufstands kam es 1956 in Ägypten zur so genannten Suezkrise. Ende Oktober intervenierten dort erst Israel, dann Großbritannien und Frankreich militärisch, um die Verstaatlichung des Suezkanals durch den ägyptischen Staatschef Nasser rückgängig zu machen. In seltener Einigkeit verurteilten sowohl die USA als auch die UdSSR das britisch-französische Vorgehen, sodass sich die Premierminister Eden und Mollet im Dezember gezwungen sahen, ihre Truppen wieder abzuziehen.

1956

KOMMEN UND GEHEN (HINWEG MIT DEM KOLONIALISMUS!)

Die Suezkrise hatte den Niedergang Großbritanniens als Weltmacht offensichtlich gemacht. Schließlich musste sich auch die konservative Regierung unter Macmillan – Eden war nach dem Suez-Desaster zurückgetreten – in das Unvermeidliche fügen. Das Vereinigte Königreich zog sich in den folgenden Jahren aus einem Großteil seiner bisherigen kolonialen Besitzungen zurück – und machte so in manchem Staat den Weg frei für mit dem Kommunismus sympathisierende Parteien und Herrscher.

[NACH 1955]

BULGANIN: „ZIEHT MIR NUR AM BART, ICH BIN DER ECHTE!“

Sowohl die USA (vgl. Außenminister Dulles) als auch die UdSSR (vgl. Premierminister Bulganin) strebten in den 1950er Jahren danach, möglichst viele postkoloniale Staaten von den Vorzügen des eigenen Gesellschaftssystems zu überzeugen. Besonders unter den so genannten Blockfreien in Afrika, Südamerika und Asien suchte man nach neuen Bündnispartnern und lockte diese mit Wirtschaftshilfe und Waffenlieferungen.

[NACH 1955]

[UMWORBENE ENTWICKLUNGSLÄNDER]

Neben den Supermächten buhlten auch die beiden deutschen Staaten um die Gunst der ehemaligen Kolonien. Der Bundesrepublik (hier vertreten durch Adenauer) ging es vor allem darum, ihren Alleinvertretungsanspruch durchzusetzen. Konnte man einen Staat auch durch finanzielle Anreize oder diplomatischen Druck nicht davon abbringen, die DDR (im Westen sprach man abwertend von „Pankow", der „SBZ" oder der „Zone") als Staat anzuerkennen, drohte man seinerseits mit dem Abbruch der diplomatischen Beziehungen (Hallstein-Doktrin).

Die Zeiten haben sich ... geändert

1957

„WAS MEINT IHR, WARUM ICH EUCH RUFEN LIESS?"

Der „Sputnik-Schock": 1957 schickten sowjetische Ingenieure den „Sputnik" als den ersten Satelliten ins All. Die neu entwickelten Raketen waren stark genug, um auch Atomwaffen zu tragen. Entsprechend löste die technische Meisterleistung der Sowjets in der westlichen Welt Angst, ja, Panik aus. Sollte sich im Kampf der politischen Systeme am Ende etwa doch die UdSSR durchsetzen?

1962

„WAS? EIN PRIVATER SPUTNIK? UNMÖÖÖÖGLICH!"

In den USA setzte der „Sputnik-Schock" enorme Energien frei. Die Ausgaben für Militär und Raumfahrt wurden massiv aufgestockt und schon bald darauf belohnt: Im Februar 1958 gelang es einem Team um Wernher von Braun, seit Ende des Zweiten Weltkrieges nunmehr in amerikanischen Diensten, einen eigenen „Erdsatelliten" ins All zu befördern. Damit war der rüstungstechnische Vorsprung der UdSSR wieder eingeholt.

1958

„ALSO, VERSTEHEN TU ICH BEIDES NICHT – ABER DAS GEFÄLLT MIR BESSER!"

Die Galaxis geteilt in sowjetisches Gulag einerseits und amerikanisches Reich des ungehemmten Konsums andererseits? Die raschen Fortschritte in der Raumfahrt setzten bei zahlreichen Schriftstellern, Fernsehproduzenten und Journalisten lebhafte Fantasien frei – so auch bei Fritz Behrendt. Dass schon am 21. Juli 1969 mit Neil Armstrong der erste Mensch den Mond betreten sollte, konnte sich zum Zeitpunkt der Karikatur jedoch noch kaum jemand vorstellen.

BERLIN- UND KUBAKRISE

1958

„LÖSCHT DEN BRANDHERD WEST-BERLIN!“

In Europa blieb Berlin der wichtigste Zankapfel zwischen den Supermächten. Bereits durch die Sperrung aller Zufahrtswege in den Westteil der Stadt im Jahr 1948 hatte die UdSSR versucht, die Westmächte zu Zugeständnissen zu zwingen. In seinem Bemühen, Westberlin der DDR und dem eigenen Herrschaftsbereich einzuverleiben, trat Chruschtschow 1958 die zweite Berlinkrise los – auch diesmal ohne Erfolg. Im August 1961 sollte es dann zum vorläufigen Höhepunkt des Kalten Krieges in Europa kommen; danach verlagerte sich der Konflikt in andere Weltregionen.

1961

„SCHAU MAL, DA IST DIE OMI!“

Im Osten Deutschlands kehrten inzwischen immer mehr Menschen dem „Arbeiter- und Bauernstaat“ den Rücken. Bis 1961 schwoll die Zahl der Flüchtlinge auf fast drei Millionen an. Dieser Aderlass war für die DDR kaum zu verkraften. Im Morgengrauen des 13. August 1961 begannen Ostberliner Bauarbeiter, eine Mauer zu errichten. Stacheldraht wurde ausgerollt, Wohnhäuser auf der ostdeutschen Seite der Grenze wurden verbarrikadiert, die Fenster zugemauert. Es kommt zu dramatischen Szenen. Menschen riskieren ihr Leben, um zu flüchten, Familien werden für lange Jahre getrennt.

1961

SCHNELL GENOSSEN, NOCH 'NE MAUER – ES WIMMELT VON VOLKSFEINDEN UND AGENTEN!"

Während Walter Ulbricht, der starke Mann der DDR, den Mauerbau als „antikapitalistischen Schutzwall" rechtfertigte, verurteilte der Regierende Bürgermeister West-Berlins, Willy Brandt, die „Maßnahmen zur Abriegelung der Sowjetzone und des Sowjetsektors von Westberlin" in markigen Worten als „ein empörendes Unrecht. Sie bedeuten, daß mitten durch Berlin nicht nur eine Art Staatsgrenze, sondern die Sperrwand eines Konzentrationslagers gezogen wird."

1962

„ENORM, GENOSSE, DIESER FORTSCHRITT!"

Trotz aller Anstrengungen der Propagandamaschinerie des SED-Regimes konnte selbst der Sputnik-Erfolg letztendlich nicht darüber hinwegtäuschen, dass der Mauerbau ein Eingeständnis des eigenen Scheiterns war. Für viele DDR-Bürger, die für die einfachsten Waren des täglichen Bedarfs stundenlang Schlange stehen mussten, tat sich angesichts der chronischen Versorgungsengpässe ein deutlicher Widerspruch zwischen Anspruch und Realität des „Arbeiterparadieses" auf.

1979

NACH 30 JAHREN DDR

Mit der Errichtung der Mauer wurde die Flucht aus der DDR nicht nur immer schwieriger, sondern auch lebensgefährlich: Bis 1989 kamen ca. 1000 Ostdeutsche an der deutsch-deutschen Grenze um. Trotz der großen Gefahren sowie negativen Folgen für die daheim gebliebenen Angehörigen gelang immer wieder Einzelnen die Flucht in die Freiheit – oft auf abenteuerliche Weise. Einige der spektakulärsten Fluchtversuche thematisierte Fritz Behrendt in dieser Karikatur, die 1979 anlässlich des dreißigsten „Geburtstages" der Deutschen Demokratischen Republik erschien.

1959

RED NIK IS IN TOWN

Im September 1959 besuchte der sowjetische Parteichef Nikita Chruschtschow die USA zu politischen Gesprächen. Dort warb er zwar für die „friedliche Koexistenz"; die fundamentalen Differenzen zwischen den Blöcken konnte dies jedoch nicht verdecken. Nur ein Jahr später reiste Chruschtschow erneut nach Nordamerika. Von diesem zweiten Aufenthalt bleibt bis heute vor allem sein Auftritt vor der Vollversammlung der Vereinten Nationen in Erinnerung: Er redete sich in seiner Verurteilung von Rüstung und Kolonialismus derart in Rage, dass er mit seinem Schuh auf das Rednerpult hämmerte.

1961

ACHTUNG! GEFÄHRLICHE STRECKE!

Nach zwei Amtszeiten durfte der Republikanische Präsident Eisenhower bei den Wahlen im November 1960 nicht wieder antreten. In einer äußerst knappen Wahl unterlag Richard Nixon, Vizepräsident der Jahre 1953 – 1961, dem Herausforderer der Demokraten, John F. Kennedy. Mit seinem Amtsantritt am 20. Januar 1961 sah sich der junge Präsident vor zahlreiche innen- wie außenpolitische Probleme gestellt.

1960

„JAWOHL – 100 % RASSENTRENNUNG – NA JA, AUSSER BEI DEN OLYMPISCHEN SPIELEN."

Eine der bedeutendsten innenpolitischen Herausforderungen war die Gleichstellung von schwarzen und weißen Amerikanern. Auch Anfang der 1960er Jahren verfügten viele Schwarze nicht über die gleichen Rechte wie Weiße: Sie durften bestimmte Schulen nicht besuchen, man verweigerte ihnen Wohnungen oder auch Arbeitsplätze. Im Süden der USA waren Schilder mit der Aufschrift „For Whites Only" keine Seltenheit. Erst 1964 wurden die Afro-Amerikaner den Weißen zumindest rechtlich gleichgestellt.

1962

[KUBA-KRISE: DIE WELT AM ABGRUND]

Die Kubakrise in sechs Einzelbildern: Für die USA war die Installation sowjetischer Atomraketen auf der Karibikinsel, 90 Meilen vor der amerikanischen Küste, eine nicht hinnehmbare Provokation. Kennedy sprach von einer „verheimlichten, rücksichtslosen und provokanten Bedrohung des Weltfriedens“ und drohte den Russen mit massiver Vergeltung, um „die Welt vor dem Abgrund der Vernichtung zu bewahren“. Am Ende schreckte Chruschtschow vor einem solchen Konflikt zurück und zog die Raketen aus Kuba ab.

1963

ACHTUNG, VERBINDUNG GESTÖRT

Um ein Haar wäre aus Anlass der Kubakrise aus dem Kalten Krieg ein heißer geworden. Nie zuvor und nie danach stand die Welt so nah am Abgrund wie in jenen 13 Tagen im Oktober 1962. Eine Konsequenz der Ereignisse war die Einrichtung des „roten Telefons", einer direkten Drahtverbindung zwischen dem amerikanischen Präsidenten und dem sowjetischen Generalsekretär. Ein wichtiges Zeichen der Entspannung – auch wenn manchmal notorische Querulanten wie der Franzose de Gaulle oder der Chinese Mao die „Verbindung störten".

VIETNAMKRIEG UND PRAGER FRÜHLING

1963

[KENNEDY ERSCHOSSEN]

Dallas, Texas, 22. November 1963. John F. Kennedy, die Hoffnung einer ganzen Generation junger Amerikaner, wird ermordet. Die Welt reagiert geschockt. Auch in Deutschland waren Kennedy seit seiner „Ich bin ein Berliner"-Rede die Herzen vieler Menschen zugeflogen.

1964

DIE PARTEI HAT IMMER RECHT

Nachdem Vizepräsident Lyndon B. Johnson die Amtsgeschäfte übernommen hatte (und ein Jahr darauf in einem Erdrutschsieg erneut zum Präsidenten gewählt wurde) kam es 1964 auch in der UdSSR zum Machtwechsel. Chruschtschow wurde vorgeworfen, sich in der Kubakrise ungeschickt verhalten zu haben. Er musste gehen – nicht als Folge einer Wahlniederlage, sondern aufgrund einer Palastrevolte des Politbüro-Mitglieds und neuen starken Mannes Leonid Breschnew.

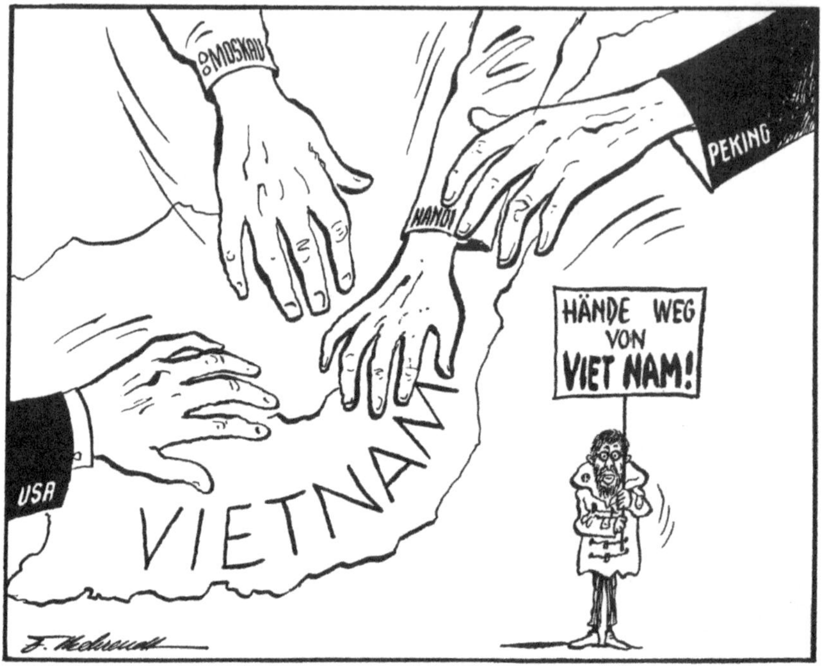

[ca. 1968]

WELCHE HÄNDE?

In Vietnam war seit der Niederlage der französischen Kolonialmacht im Jahre 1954 ein Machtvakuum entstanden. Ähnlich wie Deutschland und Korea war das Land in zwei verfeindete Teile zerfallen. Während China und die UdSSR die Kommunisten in „Hanoi" unterstützten, sprang die USA – von einem Teil der westlichen Öffentlichkeit kritisch begleitet – dem antikommunistischen Süden bei.

1968

„WER HAT NOCH NICHT, WER WILL NOCH MAL?“

Im August 1964 nahm US-Präsident Lyndon B. Johnson den Angriff auf ein amerikanisches Kriegsschiff im Golf von Tonkin zum Anlass, in Vietnam offen militärisch zu intervenieren. Derweil die GIs im Dschungel Vietnams einen blutigen und nicht zu gewinnenden Guerillakrieg gegen einen unsichtbaren Feind führten, schwoll die innen- und außenpolitische Kritik an Johnsons Eskalationskurs rasch an.

1968

DIE GRENZEN DER MACHT

Koloss auf tönernen Füßen: Bis heute zeugen zahlreiche so genannte asymmetrische Kriege von der Unfähigkeit hochgerüsteter High-Tech-Armeen, einen mit Kleinfeuerwaffen, Sprengfallen und Hinterhalten geführten Guerillakrieg zu gewinnen. Das katastrophale Medienecho auf die amerikanische Vietnampolitik führte 1968 dazu, dass Johnson auf eine erneute Präsidentschaftskandidatur verzichtete.

1968

„HALS- UND BEINBRUCH, MR. PRESIDENT!“

Johnson verließ das Weiße Haus am 20. Januar 1969 als gebrochener Mann. Seinem republikanischem Nachfolger Nixon hinterlässt er eine ganze Phalanx von nicht zu unterschätzenden Gegnern: Den Ku-Klux-Klan, den ägyptischen Präsidenten Nasser, die militante Black-Power-Bewegung, Leonid Breschnew, den französischen Präsidenten de Gaulle, den nordvietnamesischen Führer Ho Chi Minh, Mao, Castro und – von Fritz Behrendt nicht ganz ernst gemeint – Walter Ulbricht (von links nach rechts).

[1971]

MENSCHEN IN KAMBODSCHA. „NORD- ODER SÜD-VIETNAMESEN, PATHET-LAO, AMERIKANER, THAI, VIETCONG, KOREANER ODER LAOTINISCHE TRUPPEN?“

Nixon hatte dem amerikanischen Volk eigentlich einen „ehrenvollen Frieden“ in Vietnam versprochen – wie der jedoch genau aussehen sollte, darüber gingen die Vorstellungen erheblich auseinander. Anstatt den Krieg zu beenden, weitete der neue Präsident die Kampfhandlungen zunächst sogar noch weiter aus: Die Nachbarstaaten Laos und Kambodscha wurden immer stärker in den Konflikt hineingezogen.

1962

„VORWÄRTS IM GEISTE MARX!“

Bereits die Auseinandersetzungen zwischen Jugoslawien und der UdSSR 1948 hatten deutlich gemacht, dass das kommunistische Lager alles andere als geeint war. Seit Mitte der 1950er Jahre, seit der Entstalinisierung in der Sowjetunion, konnte nicht mehr von einem „sino-sowjetischen Block“ gesprochen werden: Zu deutlich waren ideologische Differenzen in der Interpretation des Marxismus hervorgetreten – insbesondere zwischen dem Hardliner Mao und Chruschtschow, der sich im Unterschied zu dem Chinesen für die „friedliche Koexistenz“ aussprach.

1968

„MACHT BLOSS DAS FENSTER WIEDER ZU!“

Dass das winzige Albanien, das Armenhaus Europas, unter Hoxha seinen eigenen Weg zum Kommunismus unabhängig von der UdSSR suchte (vgl. die vorherige Karikatur), schmerzte Breschnew vermutlich nicht allzu sehr. Seine Sorgen wuchsen jedoch, als sich 1968 Alexander Dubcek in der Tschechoslowakei und Nicolae Ceausescu in Rumänien ebenfalls von der sowjetischen Vorherrschaft zu befreien versuchten und „frischen Wind“ in das verstaubte und verkrustete kommunistische Herrschaftssystem Osteuropas hineinließen.

1968

NUR DAS AUSHÄNGESCHILD IST NOCH DA

Dubcek hatte seinem Volk einen „Sozialismus mit menschlichem Antlitz“ versprochen und eine vorsichtige Liberalisierung eingeleitet. Ebenso wie unter Chruschtschow 1956 in Ungarn, zeigte sich die UdSSR auch zwölf Jahre später unter Leonid Breschnew nicht gewillt, der Emanzipation ihrer Satelliten tatenlos zuzuschauen. Auf Anweisung Moskaus besetzten am 21. August 1968 250 000 Soldaten aus fünf Ostblock-Staaten die Tschechoslowakei und bereiteten dem „Prager Frühling“ ein brutales Ende.

1968

GERICHT ÜBER DEN KETZER

Nach der Niederschlagung des Prager Frühlings wurden die Mitglieder des tschechoslowakischen Politbüros verhaftet und in die Sowjetunion gebracht. Dort musste Dubcek – wie einst Jan Hus – seiner Reformpolitik abschwören. Von nun an galt die nach dem sowjetischen Parteichef benannte „Breschnew-Doktrin“: Die UdSSR sah es fortan als ihre Pflicht an, immer dann einzugreifen, wenn in einem Mitgliedsstaat des Warschauer Paktes der Sozialismus „bedroht“ war.

BEGINNENDE ENTSPANNUNG

[OHNE JAHR]

„ABRÜSTEN? BITTE, NACH IHNEN!“

Unterdessen drehte sich die Rüstungsspirale zwischen den beiden Supermächten trotz zwischenzeitlicher vorsichtiger Annäherung der Supermächte unvermindert weiter. Hieran hatte sich seit Beginn des Kalten Krieges nichts Substantielles geändert. Das Atomwaffenarsenal der Blöcke reichte inzwischen aus, die Erde gleich mehrfach zu zerstören.

1962

TIEF ERSCHÜTTERT …

Ungeachtet der fortschreitenden Aufrüstung östlich wie westlich des Eisernen Vorhangs kam es parallel hierzu immer wieder zu Rüstungsbegrenzungsinitiativen. Auch wenn nicht immer offensichtlich war, welches Motiv sich hinter den entsprechenden Abrüstungsvorschlägen verbarg, so war die Unterzeichnung des Atomteststoppabkommens (Test Ban Treaty) im Jahre 1963, welches oberirdische Kernwaffenversuche verbot, doch ein erster wichtiger Schritt auf dem langen Weg zur nuklearen Abrüstung.

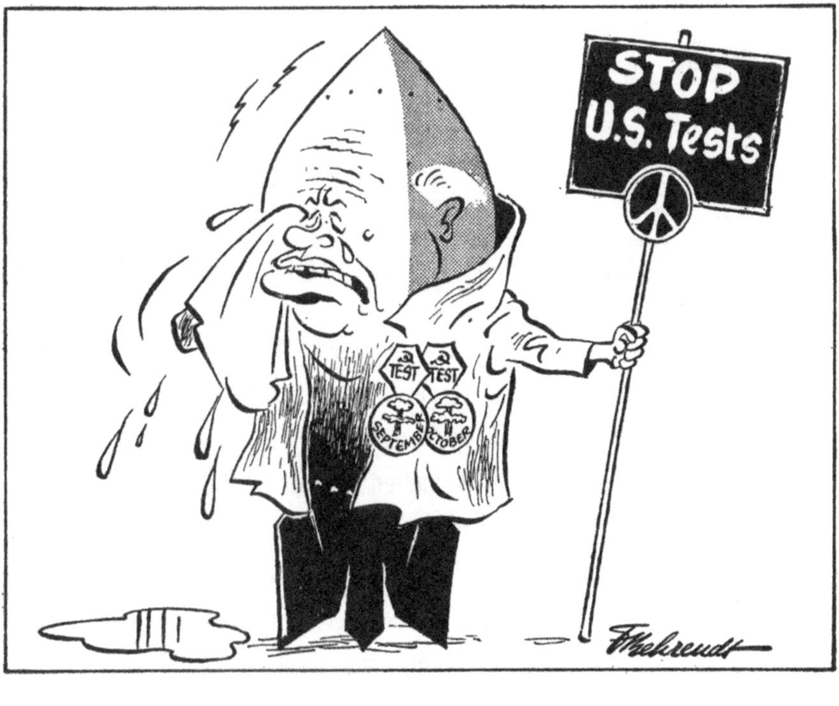

1974

DIE DEMOKRATISIERUNG DER BOMBE SCHREITET FORT

Nach dem Beschluss des Test Ban Treaty wandte sich der nukleare Klub, der Anfang der 1970er Jahre aus insgesamt fünf Mächten bestand (oben rechts: Harold Wilson, Nixon, Mao, Valéry Giscard d'Estaing, Breschnew), dem Problem der Proliferation zu. 1968 einigten sich die USA, Großbritannien und die UdSSR auf den „Vertrag über die Nichtverbreitung von Kernwaffen" (Non-Proliferation Treaty). Trotz dieses wichtigen Erfolgs hielt der so genannte Atomwaffensperrvertrag die unten rechts abgebildeten Staatsführer (Ausnahme: Ägypten) nicht von der Entwicklung einer eigenen Bombe ab.

1967

DAS ENDE IST VORLÄUFIG NOCH NICHT IN SICHT

Nach dem Desaster des „Großen Sprungs nach vorn", der zum Hungertod von mehr als 20 Millionen Chinesen geführt und Maos Position erheblich geschwächt hatte, arbeitete der „Große Steuermann" emsig an seiner Rückkehr an die Macht. 1966 rief er die chinesische Jugend dazu auf, die Kräfte der „rückwärtsgewandten Reaktion" in Partei und Gesellschaft zu bekämpfen. Parallel dazu nahm der Personenkult um Mao Ausmaße an, die an die Stalinzeit erinnerten: u. a. mussten „in allen Kinos, Theatern, Buchhandlungen, Omnibussen etc. ... Bilder Mao Zedongs aufgehängt werden."

1966

... MIT RÜCKWIRKENDER KRAFT

Millionen von fanatisierten jugendlichen Anhängern folgten Maos Aufruf. Als „rote Garden“ attackierten sie während der mehrere Jahre tobenden „Kulturrevolution“ Lehrer, Professoren und innerparteiliche Gegner. Ziel war es, Land und Partei von „revisionistischem Denken“ zu säubern: „Die alten Gewohnheiten müssen verschwinden.“ „Die Intellektuellen sollen in Dörfern arbeiten.“ „Die alte Malerei, die nicht politische Themen zum Gegenstand hat, muss verschwinden.“ „Bücher, die nicht das Denken Mao Zedongs wiedergeben, müssen verschwinden.“ So lauteten zentrale Forderungen.

1970

EINE FRAGE DES LÄNGSTEN ATEMS

Kurz nach der Gründung der Volksrepublik 1949 hatte die UdSSR mit dem Reich der Mitte einen Freundschaftsvertrag unterzeichnet. Ideologische, wirtschaftliche und politische Konflikte führten in den darauffolgenden Jahren jedoch dazu, dass sich die Beziehungen zum so genannten „ältesten Bruder“ immer weiter verschlechterten, bis es 1969 sogar zu kriegerischen Auseinandersetzungen zwischen den beiden kommunistischen Riesen an den Grenzflüssen Amur und Ussuri kam. Damit hatte sich die strategische Position der USA (vgl. Präsident Nixon) deutlich verbessert.

1972

„DAS GIBT'S DOCH NICHT!"

Mit dem Zerwürfnis zwischen China und der UdSSR kam Bewegung in die internationalen Beziehungen. Hatte Mao dem Westen kurz zuvor noch mit dem Atomkrieg gedroht, so setzten sich in Washington und Peking nun die Realisten und Pragmatiker durch: Richard Nixon reiste als erster US-Präsident zu politischen Gesprächen nach China. Eine Sensation – selbst wenn es zur Aufnahme offizieller diplomatischer Beziehungen noch bis zum Jahr 1979 dauern sollte.

1972

EIN NEUES BILD – AUCH FÜR OSTBERLIN?

Befördert u.a. auch durch die chinesisch-sowjetische Konkurrenz zeichnete sich seit Ende der 1960er Jahre in den deutsch-russischen Beziehungen ebenfalls eine Phase der Entspannung ab. Ein deutliches Signal für eine Neuorientierung der bundesdeutschen wie der sowjetischen Politik in Mitteleuropa war die Unterzeichnung des Moskauer Vertrages durch den deutschen Kanzler (und späteren Friedensnobelpreisträger) Willy Brandt und Leonid Breschnew im Jahr 1970. Damit war der Weg für die „neue Ostpolitik" der Regierung Brandt frei.

1971

EIN NEUES BLATT

Aufgrund der nationalsozialistischen Verbrechen waren die Beziehungen der Bundesrepublik zu ihren osteuropäischen Nachbarn auch 25 Jahre nach Kriegsende immer noch auf das Schwerste belastet. Die 1970 im Moskauer Vertrag vereinbarten Punkte „Gewaltverzicht" und „Anerkennung der bestehenden Grenzen" fanden in gleichlautender Formulierung auch in die mit Polen und der Tschechoslowakei abgeschlossen Verträge Eingang. Die Menschen in Ost und West schöpften Hoffnung. Würde nun ein neues Kapitel im Verhältnis der Bundesrepublik zu ihren östlichen Nachbarn aufgeschlagen werden?

1972

SALONFÄHIG: „MEIN STIEFBRUDER – VIELLEICHT LEGT ER SPÄTER EINMAL AB“

Höhepunkt der „neuen Ostpolitik“ der sozialliberalen Koalition war der Abschluss des so genannten Grundlagenvertrags zwischen der Bundesrepublik und der DDR. Auch wenn Bonn die DDR weiterhin nicht als Staat anerkannte, verlor Ostberlin nun doch seinen Paria-Status im internationalen System. So machte es die deutsch-deutsche Verständigung u. a. möglich, dass beide Staaten im Jahr 1973 Mitglieder der Vereinten Nationen wurden.

1972

ANSICHTSSACHE

Innenpolitisch waren die Ostverträge der sozialliberalen Koalition heftig umstritten (vgl. l. n. r.: Außenminister Walter Scheel, Kanzler Brandt, Oppositionsführer Franz Josef Strauß und Rainer Barzel). Auf Antrag der CDU/CSU kam es schließlich am 24. April 1972 im Deutschen Bundestag zu einem Misstrauensvotum gegen den Bundeskanzler. Brandt überstand dieses nur äußerst knapp: Zwei CDU-Abgeordnete waren von der Stasi gekauft worden. In den gleich danach ausgerufenen Neuwahlen erzielte die SPD mit 45,8 Prozent der Stimmen ihr bisher bestes Ergebnis in der Geschichte der Bundesrepublik.

1968

NICHT ALLES LÄSST SICH RÖNTGEN

Die Annäherung zwischen den beiden deutschen Staaten hielt keine Seite davon ab, Militär, Wirtschaft und Regierung des jeweils anderen Landes auszuspionieren. Allein 1979 wurden in der Bundesrepublik 30 östliche Agenten wegen Landesverrats verurteilt. Von den enttarnten weiblichen DDR-Spioninnen hatten dabei mehrere als Sekretärinnen in Bonner Ministerien gearbeitet; auch in Sicherheitskreisen gab es zahlreiche DDR-Agenten. Der prominenteste Fall eines DDR-Spions im Zentrum der Macht blieb jedoch der persönliche Referent des Bundeskanzlers, Günter Guillaume, der 1974 enttarnt wurde.

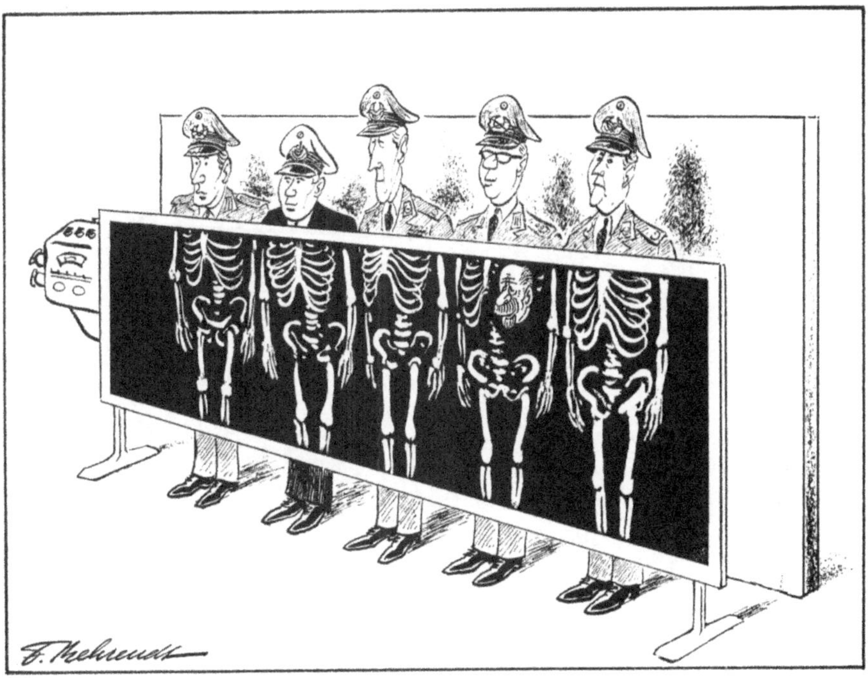

EUROPA UND DIE BLOCKFREIEN ZWISCHEN DEN SUPERMÄCHTEN

1963

„ECOUTEZ-MOI MESSIEURS!“

Ähnlich wie die Führer der blockfreien Bewegung strebte auch der 1958 an die Macht gelangte französische Präsident Charles de Gaulle nach einem größeren Maß an Unabhängigkeit im Kalten Krieg. Sein Streben nach „grandeur“, das u. a. in der Entwicklung einer eigenen Atomwaffe („force de frappe“), einer EWG unter französischer Führung sowie in einer Schaukelpolitik zwischen Ost und West seinen Ausdruck fand, sorgte bei den westlichen Verbündeten der Französischen Republik immer wieder für teils erhebliche Irritationen.

1964

20 JAHRE SPÄTER

In de Gaulles Bestreben, Frankreich seine volle Souveränität wiederzugeben, fiel der Verteidigungspolitik eine besondere Rolle zu. Bereits im Jahr 1964 rief der General seine Marineoffiziere aus den Flottenkommandos der Nato zurück – 20 Jahre nach der Befreiung Frankreichs durch die amerikanischen Streitkräfte, die am 20, Juni 1944, dem „D-Day“, an der Küste der Normandie gelandet waren. Nur zwei Jahre darauf zog sich Frankreich komplett aus der integrierten militärischen Organisation des atlantischen Verteidigungsbündnisses zurück.

1968

BEI ALLEN GEGENSÄTZEN – DOCH ETWAS GEMEINSAMES

Paris, Mai 1968. In der französischen Hauptstadt liefern sich Studenten Straßenschlachten mit der Polizei. Sie begehren gegen de Gaulle, seine Regierung und die angeblich verkrusteten „Verhältnisse" in Wirtschaft und Gesellschaft auf. Rasch breiten sich die Proteste über ganz Europa aus und erreichen bald auch die USA. Die Unzufriedenheit der Jugend mit der Politik trägt dazu bei, dass neben de Gaulle auch Kanzler Kurt-Georg Kiesinger (CDU) und der amerikanische Präsident Johnson binnen eines Jahres ihre Ämter verlieren.

1975

JUNGER MANN – WOHIN?

Eine weitere Folge der mit der 68er-Bewegeung einhergehenden Politisierung war der massenhafte Eintritt junger Menschen in die SPD bzw. in deren Jugendorganisationen. Mancher Jungsozialist (Juso) konnte dabei mit der seit der Annahme des Godesberger Programms im Jahr 1959 anti-revolutionären, sozialdemokratisierten SPD Willy Brandts und Helmut Schmidts nur wenig anfangen und orientierte sich eher an Marx, Lenin oder Mao. In der Konsequenz rückte die SPD im folgenden Jahrzehnt, vor allem nach dem Machtwechsel in Bonn 1982, wieder weiter nach links.

1973

ZWISCHEN DEN FRONTEN

Auftrieb erhielten die linken Kritiker westlicher Außenpolitik durch die Ereignisse in Chile. Hier war am 11. September 1973 der demokratisch gewählte sozialistische Präsident Salvador Allende durch den rechtsgerichteten General Augusto Pinochet (auf der Bombe sitzend) in einem blutigen Staatsstreich gestürzt worden – mit tatkräftiger Unterstützung des amerikanischen Außenministers Henry Kissinger sowie der CIA.

1973

RUHE UND ORDNUNG SIND WIEDERHERGESTELLT

„Ruhe und Ordnung“ mochten nach der Machtübernahme der Militärs in Chile wiederhergestellt sein – aber zu welchem Preis? Pinochet regierte das Andenland bis 1990 mit eiserner Hand. 3000 Oppositionelle „verschwanden“ unter seiner Herrschaft, viele von ihnen waren zuvor gefoltert worden.

1975

DAS WELTPROBLEM

Die Frage des Umgangs mit linksgerichteten Regierungen in Südamerika war eine wichtige, jedoch bei weitem nicht die einzige Sorge des einflussreichen US-Außenministers Kissinger. Wirtschaftlich dramatische – und geostrategisch folgenreiche – Konsequenzen hatte darüber hinaus die Ölpreiskrise des Jahres 1973. Die Vervierfachung des Rohölpreises binnen zwölf Monaten stürzte die Weltwirtschaft in eine schwere Rezession, deren Folgen jahrelang spürbar waren.

[1971]

AUF HALBMAST

Während das „annus horribilis" 1973 für die Bundesrepublik den endgültigen Abschied von den Wirtschaftswunderjahren bedeutete, ging die Ölkrise in den USA mit schweren währungspolitischen Turbulenzen einher. Erst kurz zuvor hatte Präsident Richard Nixon das 1944 im amerikanischen Bretton Woods beschlossene System fester Wechselkurse aufgekündigt – eine Entscheidung, die bald zu einem immer stärkeren Kursverfall des Dollars führen sollte.

1975

VOM REGEN IN DIE TRAUFE

Auf der iberischen Halbinsel schüttelten die Menschen die jahrzehntelange Salazar-Diktatur Mitte der 1975er Jahre erfolgreich ab. Nach dem Tode Francos in Spanien und der „Nelkenrevolution" in Portugal war es – vor allem angesichts der Stärke der kommunistischen Kräfte in der portugiesischen Armee – zunächst jedoch unklar, wie sich die beiden Länder zukünftig politisch orientieren würden. In Washington beobachtete man die Situation mit großer Sorge und gab die Erstellung von militärischen Einsatzplänen für den Fall einer kommunistischen Regierungsübernahme in Auftrag.

1979

MUTTER BEKANNT – WER IST DER VATER?

Gespeist von Euphorie ob des Zusammenbruchs der rechtsgerichteten autoritären Regime in Spanien und Portugal sowie von Empörung über die amerikanische Politik in Südamerika und Vietnam, erhielten linke und linksextreme Gruppierungen in Westeuropa starken Zulauf. Eine Minderheit der äußersten Linken schloss sich antikapitalistischen Terrororganisationen wie der deutschen Roten Armee Fraktion (RAF) an, welche in den 1970er Jahren in mehreren europäischen Staaten Angst und Schrecken verbreiteten.

STELLVERTRETERKRIEGE

1974

„SOLSCHENIZYN IST EINE GEFAHR FÜR PARTEI UND STAAT“

Wie leicht antikapitalistische Utopien in Unterdrückung und Terror umschlagen können, hatte im Jahr 1974 der russische Literaturnobelpreisträger Alexander Solschenizyn (rechts) in seinem monumentalen „Archipel Gulag“ gezeigt – allerdings nur dem westlichen Leser. In der UdSSR blieb das Buch bis 1990 verboten. Das System der „Gulag“ („Hauptverwaltung der Lager“) war zwar nach Stalins Tod 1953 offiziell aufgelöst worden, inoffiziell bestanden die Straf- und Arbeitslager jedoch auch unter Breschnew weiter.

1973

„SIE HABEN ZEHN JAHRE ZEIT, IHR BUCH IM POSITIV-SOZIALISTISCHEN SINNE UMZUSCHREIBEN."

Nach der Veröffentlichung seines Buches hatte man Solschenizyn die sowjetische Staatsbürgerschaft entzogen und in die USA ausgewiesen. Dabei war der rücksichtslose Umgang mit dem Autor des „Archipel Gulag" nur der bekannteste unter vielen vergleichbaren Fällen. Von den Schriftstellern des Landes erwartete die KPdSU, dass sie sich ähnlich regimetreu wie die staatlichen Propagandamedien verhielten. Kritik durfte lediglich am Westen, nicht jedoch an innersowjetischen Verhältnissen geäußert werden.

[VOR 1977]

TAUSCHGESCHÄFT ...

Ebenso wie die Sowjetunion (rechts Breschnew, links Kissinger) ließ sich auch die DDR die Erteilung von Ausreisegenehmigungen für „reaktionäre Elemente“ – Regimekritiker, Dissidenten – fürstlich entlohnen. Der Häftlingsfreikauf wurde für Ostberlin immer mehr zu einem lukrativen Geschäft und wichtigen Devisenbringer. Zwischen 1963 und 1989 überwies die Bundesrepublik für mehr als 30.000 politische Häftlinge rund 3,5 Milliarden D-Mark.

[VOR 1964]

„HÄNDE WEG VOM NAHEN OSTEN!“

Seit der Ära Chruschtschow hatte die UdSSR mit einigem Erfolg versucht, ihren Einfluss im Nahen und Mittleren Osten sowie in Nordafrika auszubauen. Die Bemühungen zahlreicher arabischer Staatsmänner, ihr Land nach sozialistischem Vorbild in einem gewaltigen Kraftakt in die Moderne zu katapultieren, unterstützte die Sowjetunion mit Wirtschaftshilfe, „Beratung“ – und Waffen.

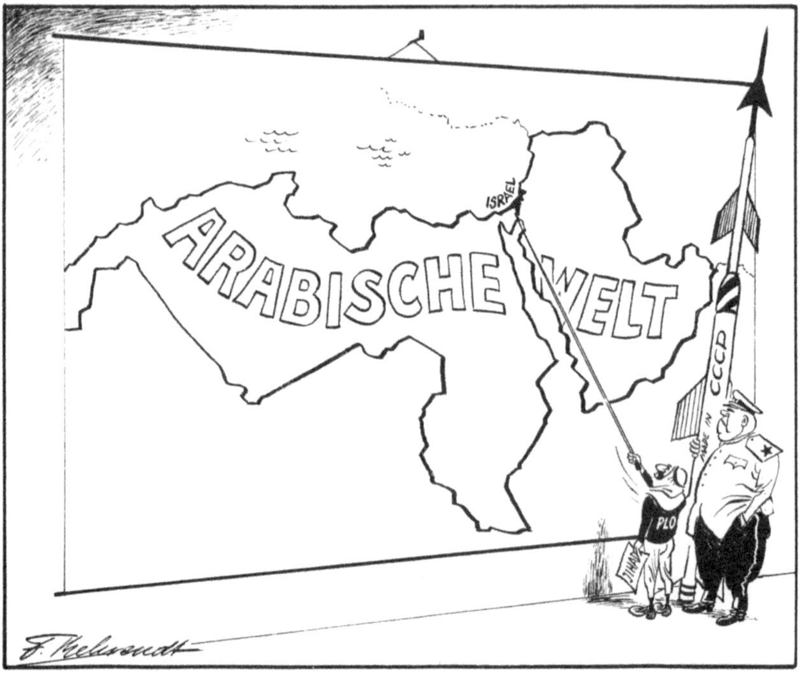

[OHNE JAHR]

[ISRAEL UND DIE ARABISCHE WELT]

Verschiedene arabische Herrscher versuchten darüber hinaus, Moskau – letztendlich vergeblich – zu einem aktiven Eingreifen in den Nahost-Konflikt zwischen Israel und den Palästinensern zu bewegen. Weil der Judenstaat von den USA unterstützt und seine arabischen Gegner von der UdSSR mit Waffen ausgestattet wurden, reihen sich sowohl der Sechs-Tage-Krieg 1967 als auch der Yom-Kippur-Krieg 1973 in die vielen Stellvertreterkriege zwischen den beiden Supermächte ein.

1974

ÄNDERUNGEN

Ägypten wurde als das mächtigste und politisch einflussreichste Land der Region von Ost und West gleichermaßen umworben. Während Gamal Abdel Nasser, eigentlich ein führender Vertreter der Blockfreien, sich lange an die Sowjetunion angelehnt hatte (vgl. Hammer und Sichel), wandte sich sein Nachfolger Anwar al-Sadat seit Mitte der 1970er Jahre mit Bitten um Unterstützung zunehmend an die zahlungskräftigeren Amerikaner.

1981

EIN NEUER MANN IN KAIRO

Auch nach der Ermordung Sadats durch islamistische Terroristen im Jahr 1981 hielten die Amerikaner (Außenminister Haig, Präsident Reagan, Verteidigungsminister Weinberger) weiter an der Unterstützung Ägyptens fest. Selbst Israels rechtsgerichteter Ministerpräsident Menachem Begin hatte ein Interesse an der Protektion des neuen ägyptischen Präsidenten Husni Mubarak: Schließlich hatte Ägypten im Jahr 1978 als erstes arabisches Land einen Friedensvertrag mit Tel Aviv geschlossen.

1975

BEFREIT

Der Vietnamkrieg entwickelte sich immer mehr zum Desaster für die USA. Auf den asymmetrischen Krieg des Vietcong fand das Pentagon keine Antwort. In der Folge sank die Moral der Truppe: 1971 nahm rund ein Drittel der GIs Heroin. Nachdem über 50.000 Amerikaner im Kampf gefallen waren, einigten sich Anfang 1973 amerikanische und vietnamesische Unterhändler auf einen Abzug aller US-Truppen. Der Bürgerkrieg in Südostasien ging unterdessen weiter und endete erst am 30. April 1975 mit der Einnahme Saigons durch nordvietnamesische Truppen.

1975

„... DIE DOMINOTHEORIE WAR DOCH EINE ERFINDUNG DER CIA!?“

Die weitere Entwicklung im vormalig französischen Indochina schien Eisenhowers und Kennedys „Dominotheorie“ nachträglich zu bestätigen. Nach der gewaltsamen Wiedervereinigung Vietnams gelangten Ende 1975 auch in Laos kommunistische Kräfte an die Macht. Bereits im April desselben Jahres hatten die Roten Khmer Kambodschas Hauptstadt Phnom Penh eingenommen und dort unter Pol Pot, dem „Bruder Nummer 1“, ein sozialistisch verbrämtes Terrorregime errichtet.

[NACH 1975]

„WIR HABEN NOCH PLATZ FÜR DREI PERSONEN“

Die brutale Herrschaft der Kommunisten in Hanoi, die Misswirtschaft und Hunger nach sich zog, führte gegen Ende der 1970er Jahre zur Flucht von ca. 1,6 Mio. Menschen. Der Weg der „boat people“ über den Pazifik erwies sich dabei als extrem riskant. Und selbst diejenigen, denen die lebensgefährliche Flucht geglückt war, wurden nur in den seltensten Fällen im Ausland mit offenen Armen empfangen.

[1979]

„DAS NEUE ELEND IN INDOCHINA? DAS SIND INTERNE ANGELEGENHEITEN“

In den 1960er und frühen 1970er Jahren hatte es im Westen immer wieder Demonstrationen gegen die amerikanische Politik in Vietnam gegeben. Wo aber blieben die Proteste, wenn es um von Kommunisten begangene Menschenrechtsverletzungen ging? Angesichts des Schweigens von Teilen der westlichen Öffentlichkeit ob des Schicksals der „boat people“ einerseits und der Massaker in Kambodscha andererseits warf Fritz Behrendt den Aktivisten auf der politischen Linken vor, mit zweierlei Maß zu messen.

1976

ANGOLA DEN ANGOLESEN!

Nach dem Ende des Vietnamkriegs 1973 verlagerten sich die Stellvertreterkriege des Kalten Krieges von Asien auf den südamerikanischen sowie den afrikanischen Kontinent. Mit dem Zusammenbruch des Salazar-Regimes im Zuge der Nelkenrevolution hatte Portugal seine ehemalige Kolonie Angola (ebenso wie Mosambik) 1974 in die Unabhängigkeit entlassen. Wie in vielen anderen postkolonialen Staaten kam es unmittelbar darauf in Westafrika zu einem Bürgerkrieg, in den sich bald auch die UdSSR (vgl. Breschnew und Fidel Castro) und die USA einschalten sollten.

1978

[KOMMUNISTISCHE REGIME IN AFRIKA]

Schon vor der Unabhängigkeit Angolas hatte die Sowjetunion die dortigen linken Befreiungsbewegungen unterstützt; nach dem erfolgreichen Abschütteln der kolonialen Fesseln setzte Moskau diese Politik fort. Während die UdSSR großzügige Waffenhilfe gewährte, schickte Kuba über 30.000 Kampftruppen. So konnte sich die sozialistische Regierungspartei im jahrzehntelangen Bürgerkrieg gegen die von den USA und Südafrika unterstützte Rebellenbewegung behaupten. Auch in Äthiopien (bzw. Eritrea) unterstützte die UdSSR das Regime Mengistus mit massiver Militärhilfe.

1967

„VORWÄRTS – MIR NACH!“

Neben der Intervention in den angolanischen Bürgerkrieg hatte Fidel Castro bereits seit längerem mit eher durchwachsenem Erfolg versucht, seine „revolución“ in weitere südamerikanische Staaten zu exportieren. Bereits 1967 war Ernesto „Che“ Guevara (vorn), bis heute Idol der politischen Linken in Europa und den USA, bei dem Versuch der Revolutionierung Boliviens ums Leben gekommen. Erst 1979 gelang den linken Sandinisten in Nicaragua, die rechtsgerichtete Somoza-Diktatur zu stürzen. Für die USA wurde damit ein Alptraum wahr: ein „zweites Kuba“ auf dem amerikanischen Kontinent.

VON DER DÉTENTE ZU EINER NEUEN EISZEIT

1977

ALPTRAUM

Die Konferenz über Sicherheit und Zusammenarbeit in Europa sowie die Unterzeichnung der Schlussakte in Helsinki 1975 waren der Höhepunkt des Entspannungsprozesses in Europa. West- wie osteuropäische Staaten verpflichteten sich darin zu einer friedlichen Regelung aller Streitfälle sowie zur Achtung der Grund- und Menschenrechte. Manche Historiker bezeichnen die Unterzeichnung als den wohl größten außenpolitischen Fehler der Sowjetunion: Bald bezogen sich osteuropäische Dissidenten wie die tschechische „Charta 77“ auf dieses Dokument – und stießen im Westen auf ein großes Medienecho.

1974

WEITER MIT FORD

Nachdem US-Präsident Nixon aufgrund der Watergate-Affäre 1974 von seinem Amt zurücktreten musste, zog der vormalige Vizepräsident Gerald Ford ins Weiße Haus ein. Aber bereits zwei Jahre nach seiner Amtsübernahme musste Ford das Weiße Haus schon wieder verlassen. Der Demokrat James „Jimmy" Carter hatte die amerikanischen Präsidentschaftswahlen am 2. November 1976 knapp für sich entscheiden können.

1979

RESULTATE

Auch wenn Carter gegenüber der Sowjetunion nachdrücklich die Einhaltung der Menschenrechte verlangte, setzte der US-Präsident doch den Entspannungskurs seiner Vorgänger fort. Nach der Unterzeichnung des SALT I-Vertrags (Strategic Arms Limitation Talks) durch Nixon und Breschnew im Jahr 1972, der eine Begrenzung der interkontinentalen Raketenrüstung wie auch der Raketenabwehr vorsah, einigten sich Carter und Breschnew am 18. Juni 1979 in Wien auf die Fortführung der Rüstungsbegrenzung (SALT II). Im Hintergrund bahnte sich jedoch bereits ein neuer Streit um die „SS-20" an (s. S. 127 ff.).

1980

KOMBINIERTE AKTION

Kurz darauf, im Dezember 1979, beendete der russische Einmarsch in Afghanistan abrupt das Jahrzehnt der Entspannung. Breschnews Hoffnung, die Invasion am Hindukusch würde das verbesserte Verhältnis zu den USA nur vorübergehend abkühlen, erfüllten sich nicht. Afghanistan löste eine neue Eiszeit in den Ost-West-Beziehungen aus, die Folgen selbst für den Sport hatte. So entschlossen sich die USA und ihre wichtigsten Verbündeten zum Boykott der Sommerspiele in Moskau 1980, woraufhin die UdSSR und die meisten Ostblockstaaten den Spielen in Los Angeles vier Jahre später fernblieben.

1988

DIE RUSSEN GEHEN – DAS PROBLEM BLEIBT

Ursprünglich hatte Breschnew beabsichtigt, die kommunistische Partei Afghanistans militärisch zu stützen und die eigenen Truppen anschließend rasch abzuziehen. Tatsächlich folgte eine rund zehnjährige erbitterte Auseinandersetzung, in deren Folge rund eine Million Afghanen starben. Das Land am Hindukusch wurde ein neuer Brennpunkt des Kalten Krieges: Während die Sowjets das Regime in Kabul unterstützten, begann die CIA, die fundamentalistischen Mudschaheddin (rechts) mit Waffen zu beliefern – eine Entscheidung, die die Amerikaner ein gutes Jahrzehnt später schwer bereuen sollten.

1980

AUF STRAFEXPEDITION IN AFGHANISTAN

Neben den USA lieferten auch das Mullah-Regime in Teheran, Pakistan und Saudi-Arabien großen Mengen Kriegsmaterial an die islamischen Gotteskrieger, um diese in ihrem Kampf gegen die „gottlosen Kommunisten" zu unterstützen. Die Folge war ein jahrzehntelanger blutiger Bürgerkrieg, der auch durch den späteren Abzug der sowjetischen Truppen aus Afghanistan (1989) und den Zusammenbruch der kommunistischen Regierung in Kabul 1992 nur für kurze Zeit unterbrochen wurde und praktisch bis zum heutigen Tag anhält.

[1980]

IMMER WIEDER DAS SCHRECKLICHE WORT

Im Sommer 1980 wurde die Unzufriedenheit vieler Osteuropäer mit dem „real existierenden Sozialismus" immer offensichtlicher. Im Mittelpunkt der Streiks und Proteste stand erneut – wie schon 1956 und 1970 – Polen, wo u. a. als Reaktion auf eine drastische Erhöhung der Fleischpreise landesweit Zehntausende die Arbeit niederlegten. Die Wut über die wirtschaftliche Misere des Landes vermischte sich dabei mit dem Verlangen nach politischer Freiheit.

[1980]

STILLLEBEN IN DANZIG

Epizentrum der polnischen Proteste war die Danziger Lenin-Werft. Hier hatten sich die Arbeiter zur ersten unabhängigen Gewerkschaft des Ostblocks – der „Solidarität" – zusammengeschlossen und rasche Erfolge verbucht: „Solidarnosc" wurde als freie Gewerkschaft anerkannt, Premierminister Gierek musste zurücktreten.

1981

„WIR BRAUCHEN KEINE KRITIK, SONDERN VERSTÄNDNIS UND HILFE“

Wie schon 1956 in Ungarn und 1968 in der Tschechoslowakei erlitten die polnischen Reformbemühungen schon bald einen erneuten Rückschlag. Anfang 1981 übernahm der vormalige Verteidigungsminister General Jaruzelski die Macht und verhängte für eineinhalb Jahre das Kriegsrecht. Sein Ziel war es, der polnischen KP die Machtbasis zu sichern und zugleich wohl auch ein Eingreifen der Roten Armee zu verhindern. Im Oktober 1982 fühlte sich Jaruzelski stark genug, die Solidarität zu verbieten und ihre Führer zu verhaften.

[1980]

DIE ARBEITERKLASSE BLEIBT WACHSAM GEGENÜBER … DEM POLNISCHEN KLASSENFEIND

Würde es auch diesmal zu einer militärischen Intervention der kommunistischen „Bruderstaaten" kommen? Honecker, der ein Übergreifen der Freiheitsbewegung auf die DDR befürchtete, plädierte für „kollektive Hilfsmaßnahmen" der Warschauer-Pakt-Staaten, um „die Konterrevolution in Polen ein für alle Male zu vereiteln". Den Ausschlag gab jedoch das sowjetische Politbüro, das sich mehrheitlich gegen ein Eingreifen der Roten Armee in Polen aussprach.

1979

NACH 34 JAHREN VOLKSDEMOKRATIE

Eine nicht zu unterschätzende Rolle bei dem langjährigen passiven und aktiven Widerstand vieler Polen gegen die kommunistische Diktatur spielte die katholische Kirche. Bereits beim Besuch Papst Johannes Paul II. – dem ehemaligen Krakauer Bischof Karol Wojtila – im Jahr 1979 befand sich Polen im Ausnahmezustand. Später sollten Ronald Reagan und der Papst Geheimgespräche darüber führen, was der Vatikan zur Befreiung Osteuropas beitragen kann.

1981

„WIR DULDEN KEINE STÖRUNG DES GLEICHGEWICHTS!“

Angesichts des Afghanistan-Konflikts empfahl Carter im Januar 1980 dem US-Senat, den erst kurz zuvor unterzeichneten Salt II-Vertrag nicht zu ratifizieren. Aus Europa, war bereits zuvor Kritik an der einseitigen Fixierung auf die Begrenzung der Interkontinentalraketen laut geworden. Hierüber dürften die in Osteuropa stationierten Mittelstreckenraketen (sowjetische SS-20) nicht vergessen werden, welche zu einer massiven Störung des atomaren Gleichgewichts auf dem alten Kontinent führten.

1981

[NATO-DOPPELBESCHLUSS]

Bundeskanzler Schmidts Forderungen nach einer Antwort des westlichen Bündnisses auf die Rüstungsanstrengungen der Sowjets fanden im Dezember 1979 im Nato-Doppelbeschluss ihren Niederschlag. Innenpolitisch heftig umstritten, verkaufte Schmidt den Beschluss als Angebot an die UdSSR, in Verhandlungen über eine Abrüstung der in Europa stationierten Nuklearraketen einzutreten. Sollten sich diese Verhandlungen innerhalb der nächsten vier Jahre als nicht erfolgreich erweisen, so würde die Nato die sowjetische Rüstung mit einer eigenen „Nachrüstung" beantworten.

1981

PROVOKATIONEN WERDEN NICHT GEDULDET

Anfang der 1980er Jahre nahmen die Proteste gegen den Nato-Doppelbeschluss in zahlreichen Ländern Westeuropas immer weiter zu. „Frieden schaffen ohne Waffen“ und „Lieber rot als tot“, so lauteten einige Parolen der – teilweise vom KGB finanzierten – Friedensbewegung. Im Oktober 1981 kam es im Bonner Hofgarten zur größten Demonstration in der Geschichte der Bundesrepublik. Über 300.000 Menschen forderten die Regierung Schmidt dazu auf, den Nachrüstungsbeschluss rückgängig zu machen. Im sowjetischen Machtbereich wären solche Proteste undenkbar gewesen.

[1983]

WEG MIT DEN KERNWAFFEN!

Nachdem die sich über vier Jahre hinziehenden amerikanisch-sowjetischen Gespräche über eine Reduzierung der atomaren Mittelstreckenraketen in Europa als ergebnislos erwiesen hatten, kam es 1983 – die Bundesrepublik wurde inzwischen von einer CDU-FDP-Koalition geführt – zur Aufstellung amerikanischer Pershing Raketen und Cruise Missiles. Der Protest der westeuropäischen Friedensbewegung, konstatierte Behrendt, richtete sich derweil weiterhin weniger gegen die UdSSR als vielmehr gegen die USA und die Nato.

1980

„SIEHT AUS WIE EIN KLIMAWECHSEL, GENOSSE GROMYKO!“

Im November 1980 wählten die Amerikaner Ronald Reagan zum neuen Präsidenten. Der ehemalige kalifornische Gouverneur hatte den Wahlkampf gegen den Demokraten Carter mit dem Versprechen gewonnen, Amerika seine Größe wiederzugeben, die Schmach der Vergangenheit vergessen zu machen und den Kalten Krieg zu gewinnen. In seinem Bestreben, die Sowjetunion „totzurüsten“, erhöhte er den ohnehin gigantischen Etat des Pentagon in den ersten fünf Jahren seiner Amtszeit noch einmal um rund 50 Prozent.

[NACH 1981]

EINE EINMISCHUNG WIRD NICHT TOLERIERT

Während Breschnew und Fidel Castro auf dem afrikanischen Kontinent kommunistische Kräfte mit Waffen (Äthiopien) und Soldaten (Angola) unterstützten, schaltete Reagan sich in zahlreiche innerstaatliche Konflikte in Südamerika, dem traditionellen Hinterhof der USA, ein. Neben einer Finanzierung der Contras in Nicaragua, welche die linksgerichtete Regierung der Sandinisten bekämpften, genehmigte der Präsident 1983 eine Invasion der Karibikinsel Grenada. Im seit 1980 in El Salvador wütenden Bürgerkrieg unterstützte Washington die dortige Diktatur mit Militärberatern und Kriegsgerät.

KRISE DES REAL EXISTIERENDEN SOZIALISMUS

1982

WER DIE JUGEND HAT ...

Die UdSSR wurde in den 1980er Jahren, ebenso wie die späte DDR, von einer Riege alter, klappriger, starrsinniger und rückwärtsgewandter Männer geführt. Breschnew, seit längerem schwer krank, verstarb 1982, noch im Jahr der Entstehung dieser Karikatur Behrendts. Sein Nachfolger, der ehemalige KGB-Chef Juri Andropow, folgte ihm nur 20 Monate später ins Grab. Nach Andropows Tod wurde Konstantin Tschernenko der neue Mann an der Spitze der östlichen Supermacht – für ganze 13 Monate. Dann läuteten im Kreml erneut die Totenglocken. Ein Vorzeichen des schleichenden Niedergangs der Sowjetunion?

[VOR 1983]

DIE PRODUKTION STEIGT UNAUFHÖRLICH

Bereits seit längerem deutete einiges darauf hin, dass die UdSSR im forcierten Rüstungswettlauf mit den USA auf Dauer nicht würde mithalten können. Während die Amerikaner in den 1980er Jahren etwa fünf Prozent ihres Bruttoinlandprodukts für die Armee verwendeten, lag der diesbezügliche Anteil in der Sowjetunion bei über 15 Prozent. Die damit einhergehende geringe Produktion von Konsumgütern führte in der Bevölkerung zu wachsendem Unmut – Unmut, den das Politbüro nicht dauerhaft unterdrücken konnte.

1962

„WORAN MAG DAS BLOSS LIEGEN?“

Mangelnde Anreize, Informationsdefizite, fehlender Wettbewerb, Innovationsschwäche und eine sehr niedrige Produktivität: Seit Beginn der 1980er Jahre war das chronische Versagen der Zentralverwaltungswirtschaft immer schwerer zu leugnen. Langsam gestanden sich nun auch in Moskau die ersten Experten ein, dass die kapitalistische Wirtschaftsordnung der kommunistischen Planwirtschaft haushoch überlegen war. An die frisierten Statistiken, die die DDR als zehntgrößte Wirtschaftsnation der Erde auswiesen, glaubten immer weniger Genossen.

1973

DER KAPITALISMUS LIEGT IM STERBEN

Symptomatisch für die marode wirtschaftliche Lage der Ostblockstaaten war, dass es den staatlichen Kolchosen in der Sowjetunion zu keinem Zeitpunkt gelang, in ausreichendem Maße Nahrungsmittel für die eigene Bevölkerung zu produzieren. Das fehlende Getreide musste daher importiert werden – und wichtigster Lieferant war ausgerechnet der Klassenfeind im Westen. Dabei konnte sich selbst zur Hochzeit des Kalten Krieges auch ein Hardliner wie Ronald Reagan aus Rücksicht auf seine Wählerschaft im Mittleren Westen nicht zu einem Weizenexportverbot durchringen.

1985

DER BALANCEAKT DENG XIAOPINGS

Ganz ähnliche ökonomische Probleme wie die UdSSR durchlebte viele Jahre lang auch die Volksrepublik China. Dort hatte die gewaltsame Industrialisierung in den 1950er Jahren sogar Hungersnöte mit Millionen von Toten zur Folge. Anfang der 1980er Jahre jedoch schlug Maos Nachfolger Deng Xiaoping eine wirtschaftspolitische Wende ein, indem er das Reich der Mitte gegenüber marktwirtschaftlichen Einflüssen zunehmend öffnete – ideologisch wahrlich ein „Balanceakt“ für einen kommunistischen Staatsführer.

1979

ZURÜCK AUS AMERIKA

Bereits 1979 hielt sich der neue starke Mann Chinas zu einem Staatsbesuch in den USA auf. Beeindruckt von der Leistungsfähigkeit des kapitalistischen Wirtschaftssystems gab Deng bald nach seiner Rückkehr die Parole aus: „Egal ob die Katze schwarz oder weiß ist, Hauptsache, sie fängt Mäuse." Seine ökonomische Reformpolitik führte innerhalb kürzester Zeit zu unübersehbaren Erfolgen. China ist heute längst nicht mehr das Entwicklungsland der 1970er Jahre: Das chinesische Bruttoinlandsprodukt (BIP) wies jahrzehntelang rasante Wachstumsraten von um die zehn Prozent auf.

1988

ES GEHT WIEDER AUFWÄRTS

Aufwärts – wenn auch nicht in einem derart atemberaubenden Tempo wie in China – ging es derweil auch mit der französischen, britischen, deutschen und amerikanischen Wirtschaft (vgl. von rechts nach links Francois Mitterand, Margaret Thatcher, Helmut Kohl und Ronald Reagan) – zumindest, wenn man sich an den Wachstumsraten des Bruttoinlandsprodukts orientierte. Abgesehen von China verharrten demgegenüber die „Dritte Welt-Staaten“ weiterhin in Armut und ökonomischer Abhängigkeit.

ENDE DES KALTEN KRIEGES

1985

DAS ERBE

1985 verstarb mit Konstantin Tschernenko der dritte Generalsekretär der KPdSU innerhalb von drei Jahren. Sein Nachfolger wurde Michail Gorbatschow, seit 1978 Sekretär für Landwirtschaft im Zentralkomitee und seit 1980 Politbüromitglied. Im für die damaligen Kremlverhältnisse nahezu jugendlichen Alter von 54 Jahren trat Gorbatschow als „neuer Zar“ ein überaus schwieriges Erbe an.

[NACH 1980]

„ES WERDEN REGELMÄSSIG TRUPPEN AUS AFGHANISTAN ZURÜCKGEZOGEN“ (AUS DER PRAWDA)

Gorbatschow musste bald erkennen, dass das wirtschaftliche und militärische Engagement der Sowjetunion in zahlreichen Staaten der Dritten Welt die Kräfte seines Landes überforderte. Er musste sich zugleich eingestehen, dass der Krieg gegen die muslimischen Mudschahedin in Afghanistan militärisch nicht zu gewinnen war: Die Sowjetunion erlebte am Hindukusch ihr eigenes Vietnam. Ein Jahr nach seiner Amtseinführung kündigte Gorbatschow einen Teilabzug der sowjetischen Truppen aus Afghanistan an.

1985

NACH DEM ENDE DER EISZEIT – EIN HOFFNUNGSVOLLER ANFANG

Im April 1945 waren sich Russen und Amerikaner in Torgau an der Elbe begegnet. Gemeinsam hatten sie Europa von der Diktatur der nationalsozialistischen Herrschaft befreit. Vier Jahrzehnte später, bei den Feiern aus Anlass des 40. Jahrestages des Kriegsendes, forderte Gorbatschow eine „echte Rückkehr der Entspannung". Nicht nur Fritz Behrendt hegte nun die starke Hoffnung, dass der Kalte Krieg nach 40 Jahren endlich einem Tauwetter in den Beziehungen zwischen den Supermächten weicht.

1988

WEG FREI NACH MOSKAU

Und tatsächlich ließ der sowjetische Generalsekretär seinen Worten Taten folgen. Ende Mai 1988 fand in Moskau bereits das vierte Gipfeltreffen zwischen den beiden Staatsmännern statt. Höhepunkt des Treffens war der Austausch der Ratifizierungsurkunden, der die völlige Beseitigung aller Mittelstreckenraketen in Europa vorsah („Nulllösung"). Die besondere Bedeutung des INF-Abkommens liegt darin, dass es sich um den ersten echten Abrüstungsvertrag handelte – alle vorherigen Verträge bezogen sich lediglich auf eine Begrenzung der Raketenarsenale.

1986

„IRGENDETWAS STIMMT DA NICHT …"

Im Unterschied zu Deng Xiaoping, der sich mit seinen Reformmaßnahmen zunächst auf die Wirtschaft konzentrierte, entschied sich Gorbatschow, das ökonomische und politische System gleichzeitig zu liberalisieren. Zumindest aus heutiger Sicht erwies sich dies als schwerer Fehler: Die Gesundung der maroden Wirtschaft machte kaum Fortschritte, aber die politische Unzufriedenheit nahm immer weiter zu. Es kam innerhalb der Partei zu erheblichen Richtungsstreitigkeiten, welche im Sommer 1991 in einen – letztendlich gescheiterten – Putschversuch gegen Gorbatschow münden sollten.

1988

„HALTET DIE TÜRE ZU!"

Unbeirrt und unbeeindruckt von dem Moskauer Kurswechsel hielten währenddessen die alten Männer des DDR-Politbüros an ihrem Dogma vom unausweichlichen „Sieg des Sozialismus" fest. Dass die Welt sich seit dem Amtsantritt Gorbatschows verändert hatte, dass die Ungarn die Grenzen zum Westen geöffnet und die Breschnew-Doktrin ihre Gültigkeit verloren hatte, wollte man in Ostberlin nicht wahrhaben. Staatsratsvorsitzender Erich Honecker beabsichtigte vielmehr, die auch in der DDR immer stärker anschwellende Protestbewegung gewaltsam niederzuschlagen.

1989

„DIE MAUER STEHT NICHT ZUR DISKUSSION!“

Doch hierzu sollte es nicht mehr kommen. Nachdem Honecker noch am 7. Oktober 1949 mit großem Tamtam den 40. Jahrestag der Gründung der DDR hatte feiern lassen, entmachtete ihn das Politbüro nur zehn Tage später. Aber auch Honeckers Nachfolger Egon Krenz vermochte den Zerfall der DDR nicht zu stoppen. Immer mehr Ostdeutsche „machten rüber“ – viele via Ungarn, manche über die westdeutschen Botschaften in den osteuropäischen Hauptstädten.

1989

ERNTE IN DEUTSCHLAND

Der endgültige Zusammenbruch der DDR erfolgte mit dem Fall der Berliner Mauer am 9. November. Damit lag die „deutsche Frage“ wieder auf dem Tisch. Helmut Kohl ergriff als erster die Initiative. Unterstützt nur von wenigen Vertrauten, entwickelte er unter größter Geheimhaltung einen Zehn-Punkte-Plan, den er am 28. November im Bundestag einer überraschten, teils überrumpelten Weltöffentlichkeit präsentierte. Lediglich die USA hatte Kohl unmittelbar zuvor über seine Rede informiert, die ursprünglich auf eine Konföderation beider deutscher Staaten abzielte.

1990

[DEUTSCHE WIEDERVEREINIGUNG]

Trotz Kritik aus dem Lager der SPD und der Grünen stießen Kohls Pläne bei der Mehrzahl der West- und Ostdeutschen auf großen Zuspruch. In der DDR wich die ursprüngliche Parole „WIR sind das Volk“ immer mehr dem Ruf „Wir sind EIN Volk“. Der Weg zur Wiedervereinigung war schließlich frei, nachdem die vier Siegermächte des Zweiten Weltkriegs – manche mit einigen Bauchschmerzen – Deutschlands Souveränität am 12. September 1990 im so genannten 2+4-Vertrag bekräftigt hatten. Am 3. Oktober 1990 hörte die DDR auf zu bestehen. Deutschland war wieder eins.

1992

DIE NACHFOLGER

Die SED hatte inzwischen erkannt, dass kosmetische Änderungen nicht ausreichen würden, die DDR oder auch nur die eigene Machtposition zu retten. Am 9. Dezember 1989 hatte ein Sonderparteitag Gregor Gysi zum neuen Vorsitzenden gewählt. Eine Woche später gab die SED ihrem Namen den Zusatz „Partei des Demokratischen Sozialismus" (PDS). Während Fritz Behrendt bereits zum damaligen Zeitpunkt daran zweifelte, wie „neu und unbelastet" die PDS tatsächlich war, werfen ehemalige Mandaten dem Anwalt Gysi bis heute vor, als „IM Notar" Informationen an die Stasi weiter getragen zu haben.

1992

DER GROSSE AUSZUG

Parallel zu dem Autoritätsverfall der kommunistischen Regime Mittel- und Osteuropas kam es bald auch in der UdSSR zu Auflösungserscheinungen. Im Frühjahr 1990 erklärten Estland, Lettland und Litauen ihre Unabhängigkeit. Gorbatschow verweigerte den drei baltischen Republiken daraufhin die Anerkennung. Der Versuch, die Abspaltung gewaltsam zu stoppen, scheiterte jedoch. Damit war ein Präzedenzfall geschaffen. In den folgenden Monaten folgten immer mehr ehemalige Sowjetrepubliken dem baltischen Beispiel und erklärten sich ihrerseits unabhängig. Der Vielvölkerstaat UdSSR zerfiel.

[NACH 1990]

NUR TRÜMMERHAUFEN BLEIBEN

Aufmerksame politische Beobachter wie Fritz Behrendt hatten diese Entwicklung seit langem vorhergesagt: Eine Herrschaft, die sich ausschließlich auf Zwang und Gewalt stützt, kann auf Dauer nicht bestehen. Nach der Selbstbefreiung seiner Satelliten und dem Ende des Warschauer Pakts löste sich im Dezember 1991 auch die Sowjetunion auf. Wie verheerend die politische, wirtschaftliche, moralische und ökologische Bilanz des Kommunismus tatsächlich war, wurde manch anderem im Rückblick klar.

2004

DER LETZTE DER ROTEN MOHIKANER

Nachdem die Volksrepublik China inzwischen nur noch dem Namen nach kommunistisch bzw. in vielerlei Hinsicht sogar kapitalistischer als die meisten „kapitalistischen" Staaten Westeuropas ist, hat der Marxismus-Leninismus weltweit stark an Anziehungskraft verloren. Einzige Ausnahmen: Die Steinzeit-Diktatur der Kim-Dynastie in Nordkorea und die Herrschaft der Castro-Brüder auf Kuba. Sie regieren ihre Völker immer noch mit harter Hand und sperren sich weiterhin – bislang erfolgreich – gegen jede gesellschaftliche Liberalisierung.

1985/1999

EIN EDLES ZIEL

Angesichts eines vermeintlich unaufhaltsamen weltweiten Siegeszuges von Demokratie und Marktwirtschaft nach dem Ende des Kalten Krieges erhoben sich nach der Zäsur 1989/90 einflussreiche Stimmen, die von einem „Ende der Geschichte“ sprachen. Der Einzug eines irdischen Paradieses schien zum Greifen nah. Fritz Behrendt blieb hier – trotz seines tiefen Humanismus – immer skeptisch. Er war sich nie sicher, was und wie die Menschheit tatsächlich aus den heißen und kalten Kriegen der Vergangenheit gelernt hatte.

NACHWORT

Niemals zuvor – und niemals danach – war die Welt der kompletten Vernichtung so nahe wie im Verlauf der Kubakrise 1961. Durchaus geschockt ließen sich die Supermächte nun erstmals seit 1946 wieder auf eine Annäherung ein und führten sogar bald erste Abrüstungsgespräche. Dem Tauwetter der Entspannung folgte aber schon rasch eine neue Eiszeit: Der sowjetische Einmarsch in Afghanistan und der Streit um die Installation von Mittelstreckenraketen in Europa führte Anfang der 1980er Jahre zum gegenseitigen Boykott der Olympischen Spiele von Moskau bzw. Los Angeles und zu einem abrupten Stillstand der Abrüstungsverhandlungen.

Wieder in Bewegung kamen diese erst mit der Wahl Michail Gorbatschows zum Generalsekretär der Sowjetunion im Jahr 1985. Ausgelöst unter anderem durch den Streik der Werftarbeiter in Danzig, erodierte parallel dazu seit Ende des Jahrzehnts immer rascher die Macht der Einparteienherrschaft in Polen, Ungarn sowie in der DDR. Im Oktober 1989 erfolgte der Sturz Honeckers; am 9. November brachten die Ostdeutschen die Berliner Mauer zum Fall. Auch die übrigen Völker Osteuropas befreiten sich von den Fesseln der Diktatur. Neue Regierungen wurden auf demokratischer Grundlage gewählt. Im Dezember 1991 schließlich erklärte die Sowjetunion ihre Selbstauflösung. Der Kalte Krieg war vorbei.

Das Ganze ist nun über 25 Jahre her. Die Auseinandersetzungen darüber, wie die Ära des Kalten Krieges einzuordnen und zu bewerten ist, haben zuletzt an Schärfe zugenommen. Ganz eindeutig war die Zeit des Ost-West-Konflikts mit ihren klaren Fronten überschaubarer als die unübersichtliche Welt der Gegenwart. Aber war das Leben damals tatsächlich lebenswerter und sicherer? Oder verblassen einfach nur unsere Erinnerungen an die Schattenseiten eines nur vermeintlich „kalten" Krieges, an die Gefahren des Wettrüstens, an die zahlreichen Stellvertreterkriege, an die erdrückende Situation der Völker Osteuropas?

Wer die zeitgenössischen Karikaturen Fritz Behrendts studiert, kann wenig bis gar nichts Positives am Zeitalter der Bipolarität feststellen: Seine Zeichnungen rufen dem heutigen Leser die zumindest in Westeuropa mittlerweile weitgehend in Vergessenheit geratene Unmenschlichkeit der kommunistischen Diktaturen ebenso in Erinnerung wie die ständig präsente Bedrohung der Menschheit durch das zwischen den Blöcken herrschende „Gleichgewicht des Schreckens". Angesichts der Gefahr, die von den gigantischen Atomwaffenarsenalen der Supermächte ausging, angesichts der Tatsache, dass die Erde im Verlauf des Ost-West-Konflikts mehrmals am Rande des nuklearen Abgrunds stand, angesichts der zahlreichen blutigen Stellvertreterkriege, die den Kalten Krieg an vielen Orten in einen „heißen" verwandelten und nicht zuletzt angesichts der politischen Knechtschaft, unter der große Teile des Weltbevölkerung bis 1989/90 lebten, scheint ein nostalgischer Rückblick auf das Zeitalter der Bipolarität trotz aller gegenwärtiger Probleme und Klagen über die „neue Unübersichtlichkeit" historisch gesehen doch eher unangebracht.

FRITZ BEHRENDT (1925 – 2008)

EIN POLITISCHER KARIKATURIST GEPRÄGT VON LINKEM UND RECHTEM TOTALITARISMUS

Fritz Behrendt – ein „kalter Krieger" oder gar ein „Kommunistenfresser"? Vor allem in den bewegten 1970er Jahren wurde der überaus einflussreiche deutsch-niederländische Karikaturist immer wieder mit solchen und ähnlichen Vorwürfen konfrontiert. Fritz Behrendt machte seit Beginn seiner publizistischen Karriere im Jahr 1953 in der Tat keinen Hehl daraus, wo seine Sympathien im Systemwettbewerb zwischen den Supermächten lagen. Er bevorzugte Demokratie, Marktwirtschaft und individuelle Freiheit gegenüber Diktatur des Proletariats, dem Gemeineigentum an Produktionsmitteln und Kollektivismus. Viele der in diesem Buch abgebildeten Zeichnungen belegen zudem, dass er Menschenrechtsverletzungen in der Sowjetunion, in China und Osteuropa tatsächlich mit einer besonderen zeichnerischen Schärfe brandmarkte. Ja, Fritz Behrendt setzte sich mit all seiner Kraft für eine Befreiung der Völker östlich des Eisernen Vorhangs ein und scheute sich nicht, die kommunistischen Diktaturen dort als „Terror-Herrschaft" zu bezeichnen. Die folgenden einleitenden Sätze zu seinem Karikaturenbuch „Streng verboten", in denen er sich Mitte der 1950er Jahre direkt an seine Leser wendete, geben – neben seinen Zeichnungen – einen guten Einblick in das Denken des politischen Karikaturisten Fritz Behrendt:

„Sie haben vollkommen recht, wenn Sie sich für Politik nicht begeistern können und Ihr Interesse weit wichtigeren Dingen zuwenden, z.B. Ihrer Familie, Ihrer Arbeit, Plänen für eine Ferienreise oder für irgendeine Neuanschaffung. Schließlich wollen wir alle ruhig und in Frieden leben, niemanden

Selbstporträt, ca. 1998

stören und möglichst nicht gestört werden ... Übrigens wollten das auch die Ungarn – und nicht nur sie. Daher ihr Aufstand gegen ein System, das für all' diese kleinen menschlichen Regungen und Wünsche weder Raum noch Verständnis hat. Zwischen Wladiwostok und Helmstedt sind Millionen Menschen gezwungen, unter einem Polizeiregime zu vegetieren, das Alle und Alles kontrolliert. ... Wenigstens das uns verbliebene Stück freier Erde sollten wir vor den Schrecknissen einer Terror-Herrschaft zu schützen versuchen, im Interesse unserer Familie, unserer Arbeit, im Interesse der Ferienreisen, die wir so gerne selbst bestimmen und auch im Interesse der Neuanschaffungen, auf die wir alle so großen Wert legen." (Behrendt ca. 1956, o.S.)

BIOGRAPHISCHE ERKLÄRUNGEN: AUSEINANDERSETZUNG MIT DEM NATIONALSOZIALISMUS

„Wenigstens das uns verbliebene Stück freier Erde sollten wir vor den Schrecknissen einer Terror-Herrschaft zu schützen versuchen" – so ein Satz wirkte und wirkt auf viele Menschen doch sehr pathetisch, für manchen gar aggressiv. Fritz Behrendts leidenschaftlicher Antikommunismus ging jedoch immer einher mit einem bedingungslosen Einsatz für Demokratie, Frieden und Menschenrechte. Diese zwei Seiten seiner Persönlichkeit sind nur vor dem Hintergrund seiner Biographie zu verstehen. Geboren 1925, hatte er – als Kind in Deutschland, dann als Jugendlicher in Holland – erleben müssen, wie sein Vater als politischer Gegner des Hitler-Regimes verfolgt, in die Emigration gezwungen, und – nach der Besetzung der Niederlande durch die Wehrmacht – verhaftet wurde. Anfang 1945, kurz vor dem Untergang des „Tausendjährigen Reiches", geriet der damals 20-jährige selbst ins Visier der Nationalsozialisten. Er hatte dabei mehr Glück als viele andere, die noch

Todeszelle in Amsterdam. Diese Zeichnung entstand nach Behrendts Entlassung aus nationalsozialistischer Haft im April 1945.

in den letzten Kriegsmonaten als „Fahnenflüchtlinge“ und „Wehrkraftzersetzer“ hingerichtet wurden: Am 20. April wurde er überraschend amnestiert. Zwei Wochen später war der Zweite Weltkrieg vorbei.

EINE GERECHTERE WELT SCHAFFEN: DEN SOZIALISMUS AUFBAUEN

Seine Erlebnisse in der Spätphase der Weimarer Republik, im Hitler-Deutschland und in den besetzten Niederlanden hatten den jungen Fritz Behrendt stark politisiert. Nach Ende des Weltkrieges war ihm klar: „Eine gerechte, sozialistische Gesellschaft ohne Ausbeutung und Unterdrückung [ist] der einzige Ausweg aus dem Sumpf; tatkräftige Teilnahme an dem Kampf für eine bessere Welt die logische Konsequenz für einen Jungen, der zu den Überlebenden einer verlorenen Generation gehört.“ Voller Idealismus meldeten sich Behrendt und weitere Mitglieder seiner linksorientierten holländischen Jugendorganisation daher für einen internationalen Freiwilligeneinsatz im kriegszerstörten Jugoslawien, wo sie beim Bau einer Eisenbahnlinie im bosnischen Industriegebiet eingesetzt wurden. Sein insgesamt gut einjähriger Aufenthalt auf dem Balkan, die gemeinsame Arbeit mit jungen Menschen aus ganz Europa, die vielen Gespräche und die daraus resultierenden Einsichten, haben Fritz Behrendt stark geprägt und ihn in seiner antifaschistischen, internationalistischen und humanistischen Haltung bestärkt. Dass sich in dieser Zeit darüber hinaus eine lebenslange Freundschaft zu Jugoslawien und seinen Menschen entwickeln sollte, brachte Behrendt bald darauf in erneute Schwierigkeiten.

„Der ist abgeholt worden": Diese Redewendung hatten viele Deutsche aus der Zeit des Nationalsozialismus verinnerlicht. Behrendt veröffentliche die (undatierte) obige Abbildung unter dem Titel „Sie fahren wieder" und spielte damit vermutlich auf den Umgang mit tatsächlichen oder vermeintlichen Regimegegnern im kommunistischen Osteuropa an.

IM ZENTRALRAT DER „FREIEN DEUTSCHEN JUGEND" IN DER DDR

Als ihn nach seiner Rückkehr eine Einladung aus der sowjetisch besetzten Zone erreichte, dort am „Aufbau des Kommunismus" mitzuwirken, sagte der Idealist Behrendt begeistert zu. Er reiste umgehend nach Ostberlin, wo ihn Erich Honecker, damals Vorsitzender der „Freien Deutschen Jugend", im Mai 1949 zum „Referent für Sichtwerbung" im Zentralrat der FDJ machte. Der Aufenthalt in der im Herbst 1949 gegründeten DDR sollte jedoch nicht lange währen. Schon bald geriet der mittlerweile 24-jährige in Gegensatz zu den SED-Oberen. Im Unterschied zu anderen ostdeutschen Kommunisten, die unter Stalin bereits zahlreiche abrupte Richtungswechsel mitgemacht und ihre Fahne immer in den Wind gehängt hatten, verteidigte Fritz Behrendt den jugoslawischen Weg zum Kommunismus auch dann noch, als dies aufgrund des Streits zwischen Tito und dem sowjetischen Diktator politisch nicht mehr opportun war. Honecker forderte ihn in der Folge zur „öffentlichen Abkehr" auf, der berühmt-berüchtigten sozialistischen Selbstkritik. Dazu zeigte sich Behrendt jedoch nicht bereit, woraufhin man seine Verhaftung anordnete.

IN DEN FÄNGEN DER STAATSSICHERHEIT

Von Dezember 1949 bis Juni 1950 saß Behrendt sechs Monate in Stasi-Haft: Vollkommen isoliert, ohne jeden Kontakt zur Außenwelt, ohne Rechtsbeistand, ohne Freigang, ohne Zeitungen oder Bücher – dafür aber mit ständigen nächtlichen Verhören. Sich tagsüber hinzulegen und zu schlafen war ihm – wie allen anderen politischen Gefangenen auch – verboten. Gleiches galt für das Führen von Selbstgesprächen oder Singen. Eine Kommunikati-

Stalin als Weihnachtsmann: Diese Karikatur fertigte Behrendt während einer vorweihnachtlichen Sitzung des Zentralrates der FDJ an. Einige der anwesenden Genossen fanden das gar nicht komisch. Später zählte die Zeichnung zu den „Beweisen“ der Staatssicherheit für Behrendts angebliche politische Unzuverlässigkeit.

on mit anderen Häftlingen war nur über Klopfzeichen möglich. Aus Protest gegen die brutalen Haftbedingungen trat Behrendt zweimal in den Hungerstreik.

Wie damals in der sowjetisch besetzten Zone üblich, ließ man zudem die Angehörigen über den Verbleib des Häftlings im Ungewissen. Als Behrendts Bruder Hans Erich Honecker persönlich aufsuchte, um Nachforschungen über das Schicksal seines Bruders anzustellen, gab sich der FDJ-Vorsitzende ahnungslos. Scheinheilig spekulierte er, Fritz sei ja immer auf dem Rad unterwegs gewesen, vermutlich sei er irgendwo überfallen und in den Berliner Ruinen erschlagen worden. Behrendt gegenüber begründete Honecker die Verhaftung später wie folgt: „In Zeiten politischer Spannungen ist allerhöchste Wachsamkeit geboten und da ist es besser, 99 Unschuldige zu durchleuchten als einen Schuldigen laufen zu lassen." (Behrendt 2000, 28)

Trotz der hermetischen Abriegelung des Stasi-Gefängnisses gelang es Behrendt schließlich doch, seiner Familie ein Lebenszeichen zukommen zu lassen: Dank der Hilfe eines Mithäftlings hatte er sich eine winzige Bleistiftmine besorgen können, mit welcher er einige wenige Worte auf ein Stück Klopapier kritzelte und die Nachricht nach draußen schmuggeln ließ. Fritz Behrendt war also noch am Leben! Unverzüglich schaltete seine Familie das niederländische Außenministerium ein, welches in Ost-Berlin intervenierte. Mit Erfolg: Behrendts erst kurz zuvor erworbene holländische Staatsbürgerschaft bewahrte ihn vor der Deportation nach Sibirien. Er hatte noch einmal Glück gehabt – im Unterschied zu vielen politischen Häftlingen der frühen DDR, unter ihnen zahlreiche ehemalige Gegner des NS-Regimes.

Kurz vor seiner Freilassung kam es noch zu einer, wie Behrendt es später bezeichnete, Vernehmung „dritten Grades" durch einen Agenten des sowjetischen Geheimdienstes. Nach dem überstandenen Verhör schwor sich der

Wie Verhöre in der Stalinzeit in der UdSSR, in Osteuropa und in der SBZ geführt wurden, kannte Fritz Behrendt aus eigener Erfahrung. Zahlreiche wissenschaftliche Untersuchungen haben inzwischen bestätigt, dass Behrendt der Realität mit dieser Zeichnung sehr nahe kam.

inzwischen 25-jährige: „Wenn ich das überleben sollte, werde ich mit allen Mitteln, die mir zur Verfügung stehen, an der Entlarvung des Stalinismus mitwirken und den Beweis erbringen, daß diese unmenschliche Diktatur mit dem humanistischen Grundgedanken des Marxismus nichts zu tun hat." (Behrendt 1975, 27)

DESILLUSIONIERUNG: BEHRENDT ENTWICKELT SICH ZUM EINFLUSSREICHEN KRITIKER DES SOZIALISMUS

Als überzeugter Anti-Faschist hatte sich Fritz Behrendt während des Krieges den Sozialisten als den entschiedensten Gegnern des Nationalsozialismus angeschlossen. Nach den Erfahrungen mit dem „real existierenden Sozialismus" in der DDR wandte er sich jedoch rasch von der kommunistischen Ideologie ab. Seine grundlose Verhaftung und die unmenschliche Behandlung durch die „allwissende Partei" hatten ihm die Augen geöffnet: Bis zum Mauerfall 1989 bzw. dem Untergang der Sowjetunion 1991 wurde die Demaskierung der osteuropäischen Diktaturen Behrendts zentrales Thema. Noch vor den Volksaufständen in Ost-Berlin 1953, Ungarn 1956 oder Prag 1968, die bei so manchem Sympathisanten des Sozialismus im freien Westen ein Umdenken bewirkten, war Behrendt zu der Überzeugung gelangt, dass „im stalinistischen System nichts mehr vorhanden war vom humanistischen Ursprung der kommunistischen Idee." (Behrendt 1975, 12) Vom Unterstützer des Kommunismus wurde Behrendt so zu einem seiner weltweit mächtigsten publizistischen Gegner. Der Durchbruch als professioneller Karikaturist gelang ihm mit seiner Karikatur vom 5. März 1953 anlässlich des Todes Josef Stalins (vgl. Karikatur 12) in der niederländischen Het Parool. Schon bald darauf erschienen Behrendts Karikaturen regelmäßig auch in den gro-

Kurz nach seiner Freilassung aus der Stasi-Haft im Jahr 1950 entstand diese Zeichnung Fritz Behrendts. Sie trägt als Untertitel den berühmten Satz Maxim Gorkis: „Ein Mensch – wie stolz das klingt".

ßen überregionalen Zeitungen in Deutschland, in Österreich, in der Schweiz, in vielen skandinavischen Staaten und selbst in den USA und Japan.

EINTRETEN FÜR FREIHEIT UND MENSCHENRECHTE

Wie nicht anders zu erwarten, blieben seine zugespitzten, teils sehr drastischen Warnungen vor dem linken Totalitarismus nicht ohne Widerspruch. Insbesondere aus dem Lager der „68er“ wurde Behrendt als angebliches Sprachrohr „reaktionärer“, ja „faschistischer“ Kreise über Jahre hinweg stark angefeindet. Eine bemerkenswerte Anschuldigung gegenüber einem Mann, der nur knapp der Hinrichtung durch die Nationalsozialisten entgangen und Zeit seines Lebens gegen Chauvinismus, Krieg und Gewalt eingetreten war! Gleichzeitig deutet die vorgebrachte Kritik auf eine sehr einseitige Wahrnehmung von Behrendts zeichnerischen Kommentaren zum Weltgeschehen hin. Schließlich hatte der Karikaturist wiederholt betont, „ein heftiger Gegner von Patentrezepten zur gewaltsamen Änderung dieser Welt“ zu sein und in diesem Zusammenhang in Bild und Wort den „Zynismus sowjetischer Apparatschiks“ genauso verurteilt „wie den eiskalten Materialismus westlicher Industrie-Mandarine, deren Anti-Kommunismus einen bedenklichen Beigeschmack hat.“ (Behrendt 1971, 9) So nachdrücklich er vor Stalinismus und Sozialismus warnte, so entschieden bezog er Stellung gegen das Franco-Regime in Spanien und das Obristen-Regime in Griechenland, gegen die faschistoiden Militärjuntas in Südamerika oder gegen revisionistisches und nationalistisches Denken, etwa in der deutschen und niederländischen Politik.

Behrendts Karikaturen erreichten täglich hunderttausende, manche seiner Zeichnungen aufgrund zahlreicher Wiederabdrucke sogar Millionen Menschen. In den fünf Jahrzehnten seines Wirkens veröffentlichte der Deutsch-Niederländer insgesamt annährend 20.000 Zeichnungen. Er beeinflusste so politisches Denken und Handeln in einem Ausmaß, von dem viele andere, durchaus einflussreiche Journalisten nur träumen können. Diese Zeichnung, die ursprünglich in der Frankfurter Allgemeine Zeitung erschien und im Original je eine niederländische und eine englische Bildunterschrift aufweist, zeigt, wie Behrendt seine Karikaturen international vermarktete.

Mit seiner scharfen Verurteilung der Menschenrechtsverletzungen in Osteuropa eckte Behrendt ebenso an wie mit seiner Kritik an der westeuropäischen Friedensbewegung. Anlässlich des 20. Jahrestags des Aufstands vom 17. Juni erschien diese drastische Karikatur – hier im Entwurf und noch ohne Bildunterschrift.

Fritz Behrendt kämpfte sein Leben lang gegen linke und rechte Diktaturen. Diese Karikatur entstand 1980 und erschien in einer Amnesty International-Publikation.

Völkerverständigung und Menschlichkeit über Grenzen hinweg waren von Anfang an die zentralen Themen des politischen Zeichners Fritz Behrendt. Während kaum ein Begriff in der Geschichte so oft missbraucht worden ist wie der der Freiheit, hat sich Behrendt über drei Jahrzehnte lang aus tiefer Überzeugung leidenschaftlich und kompromisslos für die Schwachen und Unterdrückten sowie für die Freiheit der Menschen auf beiden Seiten des Eisernen Vorhangs stark gemacht. In der Hand von Fritz Behrendt wurde der Zeichenstift so tatsächlich zur – so der Titel eines seiner letzten Bücher – „Feder für die Freiheit". Spätestens nach der Öffnung der Archive in Osteuropa kann man kaum noch bestreiten, dass Behrendt mit seiner Be- und Verurteilung der Politik des „real existierenden Sozialismus" in den allermeisten Fällen richtig lag. Angesichts der zahlreichen Verstöße gegen die Menschenrechte in der DDR, in der UdSSR oder auch in China musste der politische Zeichner Fritz Behrendt in seinen graphischen Kommentaren zur Situation der Völker im kommunistischen Herrschaftsbereich noch nicht einmal übertreiben oder zuspitzen – sonst tägliche Übung für einen Karikaturisten. Die sozialistische Utopie mit der Realität zu konfrontieren, reichte völlig aus.

Gegen Ende seines Lebens stellte Behrendt mit einiger Zufriedenheit bilanzierend fest: „Ich hatte niemals am Zusammenbruch des Stalinismus, dem Fall der Mauer und an der Wiedervereinigung gezweifelt und immer gehofft, diese Entwicklung noch erleben zu können. Ich empfand große Freude und Genugtuung, mit meinem Beruf einen Anteil gehabt zu haben an der Bekämpfung und Entlarvung der stalinistischen Diktatur." (Behrendt 2000, 34) Die Epochenwende von 1989/91 bedeutete für ihn jedoch nicht „das Ende der Geschichte" (Francis Fukuyama). Anstatt sich selbstzufrieden zurückzulehnen, kämpfte er auch nach dem Fall des Kommunismus weiter für Menschenrechte und Freiheit. Fritz Behrendt zeichnete und veröffentlich-

Trotz allem hoffnungsvoll: Eine der letzten Karikaturen Fritz Behrendts.

te bis zuletzt – und gab die Hoffnung nie auf, mit seiner Arbeit ein kleines Stück dazu beizutragen, die Welt zumindest ein wenig besser zu machen. Trotz alledem.

LITERATURHINWEISE

Behrendt, Fritz: Geen Grapjes a.u.b., Rotterdam [1956?].

Behrendt, Fritz: Streng verboten, Rotterdam [ca. 1956].

Behrendt, Fritz: Trotzalledem, Rotterdam 1962.

Behrendt, Fritz: F. Behrendt's Omnibus, Rotterdam 1964.

Behrendt, Fritz: Schön wär's, Boppard, 1967.

Behrendt, Fritz: Bitte recht freundlich. Ein Rückblick auf das Jahr 1968 gesehen und aufgezeichnet von Fritz Behrendt, Amsterdam [1968?].

Behrendt, Fritz: Einmal Mond und zurück. Ein Rückblick auf das Jahr 1969 gesehen und aufgezeichnet von Fritz Behrendt, Amsterdam [1969?].

Behrendt, Fritz: Der nächste bitte. Zwanzig Jahre Weltgeschehen in 160 politischen Karikaturen, Amstelveen 1971.

Behrendt, Fritz: Helden und andere Leute. 25 Jahre Zeitgeschichte mit der Zeichenfeder kommentiert von Fritz Behrendt, Düsseldorf 1975.

Behrendt, Fritz: Tussen jihad en shalom, Rotterdam 1978.

Behrendt, Fritz: haben Sie Marx gesehen?, Wien 1978.

Behrendt, Fritz: Vorwärts ins Jahr 2000 (Cartoon & Satire Bd. 14), München 1981.

Behrendt, Fritz: Op naar het jaar 2000, Amsterdam 1982.

Behrendt, Fritz: Grandfather was defenceless ..., Tel Aviv 1983.

Behrendt, Fritz: In vredesnaam, Amsterdam 1984.

Behrendt, Fritz: Bitte nicht drängeln, München 1988.

Behrendt, Fritz: Een pen voor de vrijheid, Amstelveen 1992.

Behrendt, Fritz: Waakzaam en steeds parat. NAVO en Warschau Pact in karikatuur, Amsterdam 1994.

Behrendt, Fritz: Het was stil vandaag in Sarajevo. Tekeningen over een Europese oorlog, Amsterdam 1994.

Behrendt, Fritz: Helden en andere mensen, Amsterdam 1995.

Behrendt, Fritz: Teilweise heiter. Zeichnungen und Karikaturen, Wien 1996.

Behrendt, Fritz: Er is weer hoop in Sarajevo, Amsterdam 1998.

Behrendt, Fritz: Kosovo. „Een interne aangelegenheid“, Amsterdam 1999.

Behrendt, Fritz: Eine Feder für die Freiheit, München 2000.

Behrendt, Fritz: Israel tussen Sjalom en Jihad, Amsterdam 2003.

Behrendt, Fritz: Ein europäischer Zeichner, Wien 2005.

Behrendt, Fritz: Tussen Grebbeberg en Uruzgan, Amsterdam 2008.

Schnakenberg, Ulrich: Geschichte in Karikaturen I. Deutschland und die Welt, 1945 bis heute, Schwalbach/Ts.: Wochenschau Verlag, 2011.

Schnakenberg, Ulrich (Hrsg.): Helmut Schmidt in der Karikatur. Mit Karikaturen von Fritz Behrendt, Schwalbach/Ts. 2016.

Schnakenberg, Ulrich: Mit dem Zeichenstift gegen den real existierenden Kommunismus. Fritz Behrendts Weg von Anti-Faschismus über Sozialismus und FDJ-Zentralrat zum weltbekannten Karikaturisten, in: der stacheldraht, Nr. 2/2016, S. 6 f.

WOCHEN SCHAU VERLAG

... ein Begriff für politische Bildung

Karikaturen

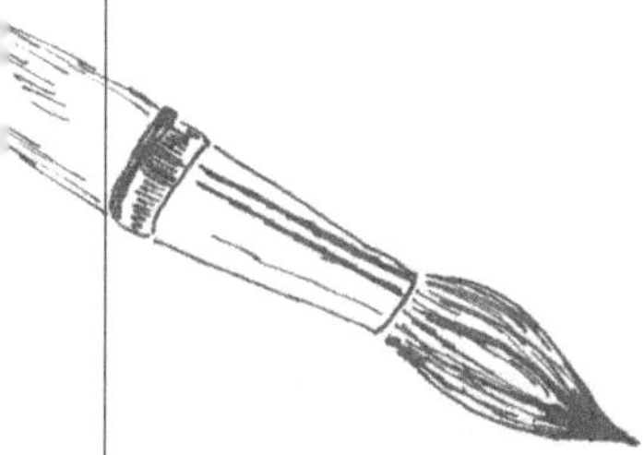

Dr. **Ulrich Schnakenberg** ist einer der führenden deutschen Experten für die politische Karikatur des 20. Jahrhunderts. Er hält regelmäßig Lehrveranstaltungen an den Universitäten Kassel und Duisburg-Essen.

Fritz Behrendt († 2008) arbeitete als politischer Zeichner über 50 Jahre lang für die renommiertesten Zeitungen Europas. In Deutschland sind seine Karikaturen vor allem in der FAZ abgedruckt worden.

Dr. **Manfred Görtemaker** ist seit 1992 Professor für Neuere Geschichte an der Universität Potsdam.

Helmut Schmidt in Karikaturen

Eine visuelle Geschichte seiner Kanzlerschaft

2015 ist Helmut Schmidt im Alter von 96 Jahren gestorben. Seit 1982 war er nicht mehr Kanzler, aber sein Ansehen in der deutschen Öffentlichkeit stieg nach seinem Rückzug aus der aktiven Politik eher noch weiter. Millionen hörten zu, wenn Schmidt in wichtigen innen- oder außenpolitischen Debatten seine Stimme erhob.

Dem politisch interessierten Leser bietet dieses Buch einen Blick auf die wichtigsten Ereignisse und Entwicklungen der acht Jahre seiner Kanzlerschaft. Es erinnert an die Zeit, in der Helmut Schmidt selbst Regierungsverantwortung trug – so kurzweilig wie prägnant anhand von zeitgenössischen Karikaturen des deutsch-niederländischen Zeichners Fritz Behrendt, dem wohl bedeutendsten europäischen Karikaturisten der zweiten Hälfte des 20. Jahrhunderts.

ISBN 978-3-7344-0221-0, 216 S., € 9,80

www.wochenschau-verlag.de www.facebook.com/wochenschau.verlag @wochenschau-ver

Adolf-Damaschke-Str. 10, 65824 Schwalbach/Ts., Tel.: 06196/86065, Fax: 06196/86060, info@wochenschau-verlag.de